韓振方 著

人生智庫 塵海微語

第七八冊 合訂本

中華民國丙戌年 國父誕辰於東海蓬萊仙島——台灣

祠堂家祖不忘拜

一、忠孝詩書傳家遠，
遠源炎黃血脈聯；
聯祭祠堂列祖宗，
宗親族群莫忘拜。

二、拜為開國黃帝訂，
訂要兒女切踐行；
行非祖先不家叩，
叩誠虔悔靈返天。

（特註：妄言天懲）

塵海微語聯句文

一、天地人生有志氣，氣發求知力創業；
業建宏大得眾扶，扶成回饋利世塵。

二、塵海微語智慧廣，廣集嘉言啟心竅；
竅開今生不枉度，度人拯己上瑤天。

三、天空銀河億千萬，萬星閃耀亮塵寰；
寰宇眾生護地球，地球人類將大同。

四、同秉儒宗做正人，人失禮義誰尊敬；
敬愛倫常維德行，行功立言本乎中。

五、中華民族容量大，大國泱泱濟弱風；
風發五湖四海雄，雄促族教婚和平。

六、和平相處誠相協，協力科研技精路；
路上蔓藤慢撥開，開懷笑忘佛迎天。

天覆大地—地育物人

一、天覆大地　地育物人
人道做好　好返先天
天下合統　統看中華
華人志雄　雄守王道

二、王道立國秉和平，
平等善待異民族；
族教婚嫁互協愛，
愛人如己是華人。

人生天地萬物靈

一、人生天地萬物靈，靈高守道利福人；人我互敬恥偷盜，盜邪刑懲天不容。

二、容非科技網害人，人立兩間守正氣；氣發仁德慈悲心，心懷博愛天下公。

目錄

自序

韓振方

一、此書名之為——塵海微語——似含有聖神佛道禪味，點明迷津，開悟靈性，超脫塵世之情懷。自揣鄙有何德何能？敢著是書，秉筆為言。溯拙昔曾置身於軍閥割據爭雄外患內亂及一、二次大戰，民族存亡，擲筆報國，戎馬疆場，奮役南北。甫卸征衣，勤耕現實，旋遁跡塵寰，玩筆桿難謂之內行。慨嘆當年抗日內戰沙場之友，戎幕同僚，黃埔窗情，長屬誼緣，塵世投契，親鄰鄉寅，相繼辭世凋謝。深感人生苦短，物變無常，榮枯得失，容或有異，白雲蒼狗，曇花一現。反觀塵世間之人類，彼此明爭暗鬥，貧富成敗，愛恨情仇，受屈窩心激蕩迴旋，輾轉反側，繞室徬徨，困坐愁城，抑鬱終朝，憂悶難解之心結，泥陷於深淵傷痛難拔漩渦之中。設若提供人生旅途之行人一言片語之開懷慰藉，以解其不解之苦煩，期以撥雲見日，重睹彩虹，點燃熊熊烈火，奮發再起之雄心壯志，展現潛能，不為困惑迷昧所苦之有力……一副清涼散，暖心丸，啟愚錠，定神劑，則稍堪頷首足慰矣！故懷以有限之知見與抱負，望有助益激發策勉溫馨於世人。情得——心不斷念於人我之間：路行——徑不絕途於之中庸恕道。本以做人、處世、創業、成家、潤德、修身、懷仁、仗義、怡心、養情、化性、益智，去惡從善而懷儒俠之仙風，養浩然之正氣之旨趣為著墨點。

無意故弄玄奇、標新立異以自炫。擁有此書，啟愚開悟，培德娛心，識透物情，開明智慧。雖不是格言，但甚於格言之涵味：雖不是詩詞，但有詩詞之味道。至於若為文句淺白俚俗或是隱寓稍深難解，因層次見解之不同，請揀出與自己所喜愛之話條抽理出來，玩味欣賞，印證事物哲理，必得一番會心莞爾之境趣，試試以為然乎？當以明之。由此可測知個人閱讀角度之自識潛力——因含有某種時代背景或專業話語——莫為深淺有所評斷矣。

二、本書採用之語句，有點咬文嚼字之味道，但全以一定之模式，開頭以人……人之無有及有無且主宰萬物之人以聯字聯句計十八條值得品味——在第壹冊——獨創之語法外，之後餘冊將古今中外賢達英豪聖哲之處世名言以及神學家、宗教家、哲學家、史地、生物與各方社會心理學家、教育家等之勵語慧識，融會於儒、釋、道各家之心言，予以貫聯，且以不同之角度衡量人生之正反面，精煉結集，樸實無華之文語，既難謂詩，尤非是詞，洵為一種前無古人曾用之章法，看有耳目一新實又拘泥形式之感，句末轉折反敘，畫龍點睛，別具一格，語體淺白文言參用，雅俗皆可供賞，得謂啟迪智慧，觸發人生思維之南針，為塵海中碌碌人們之悵惘心，點燃閃亮之一盞導航明燈。

三、本書每一條則，皆本獨立性，蓄含有正反合，起承轉合之語意——少數例外。若數則前後貫通去領悟，尤可瞭解該事物之連環性、或不關聯性，但均可會意其所含之內涵矣！例舉：

1. 論孝論心，且當論跡；論跡自古知孝子—子報親恩。
2. 論法論跡，但莫論心；論心自古難完人—人心豈究。
3. 不可鬥氣，當要爭氣；豈能使氣有志氣—氣發創業。
4. 武人學詩，能平心驕；文人習劍可除怯—怯難為雄。
5. 風月有情，容我先醉；江山無語看人忙—忙裏偷閒。
6. 名利欲念，填滿心坎；情義忘掉難人類—類有善惡。
7. 智愚貧富，貴賤賢佞；人類永遠難求同—同難進步。
8. 罪於德人，德人不罪；罪於佞人多是非—非人難德。
9. 不是閒人，怎能閒得；閒人豈是等閒人—人雄本仁。
10. 塵海途中，浮沉百味；人生道上徑有別—別分苦樂。
11. 心無物慾，乾坤平靜；書擁斗室堪謂仙—仙皆修道。
12. 昨日掌故，寫完入史；今天節目尚待明—明後始演。

13.天高不鬥，地厚莫訟；和諧起點為息爭——爭強反弱。

14.仇怨如虎，恨忌猶獅；傷害自己勝毀人——人本德恕。

15.仰首夜空，默數寒星；轔轔戰馬憶征塵——塵不再揚。

16.策馬湖山，縱橫疆場；踏遍塵海路八千——千紅萬紫。

在萬千條中，僅只提供以上十六則作為說明，當可探究語中之文涵。在每則前面之十五個字，分別各自成一語系。若適當增減，可為聯話——並非全是如此。如第5.則去掉——容。第9.則除掉——能。第15.則拿掉——默。第16.則抹掉——橫。其各則分別可讀為：

5.風月有情我先醉；
江山無語看人忙。

9.不是閒人怎閒得；
閒人豈是等閒人。

15.仰首夜空數寒星；
轔轔戰馬憶征塵。

16.策馬湖山縱疆場；
踏遍塵海路八千。

上面四則在破折號下之四個字：

5.忙裏偷閒。　15.塵不再揚。

9.人雄本愛。　16.千紅萬紫。

單讀固可，但本於正反合及起承轉合之句情，皆總合前意以圓融其語氣，不致有所偏頗離解之惑，讀者高明，何待贅言，自會領悟其內涵之所在。閱讀本書可勘破世態，透視物情，看破塵寰，善惡正邪底蘊，以轉化人性品格及性質，改變觀念，重估人生價值，不會再鑽入牛角尖，走向極端。語含敦厚，以溶化和融人性之美德，進而昂揚鬥志與情操，貢獻於社會人群。蓋國之文語，博美精宏，雍容優美，並非外文所能及之也。文詞巧用，復得一倒證。

四、由農業邁入工業而至太空時代，時間就是金錢，塵海中人們少有空閒讀看那些——之乎者也——深奧難懂之辭藻與夫長篇大論虛華之文白著作。本書句句落實，語語貼切，簡明扼要，令人看讀雖難如小說般之痛快和暢順——因其：「鱗羽霞落似雲飛，瑞雪紛飄處難猜，無論東北西南雨，悉皆塵海人文情。」但望看時心宜沉靜，玩味，悟徹，始明語中究竟。在每句段之十九個字，皆為世人之經驗恪痕累積以及閱讀體悟所涉及層面之心得，包涵萬象。絕非——連字遊戲——實乃運心力工字斟句酌之結晶。奈因著者學涵孤陋，為本乎益世勵人廣識之旨，凡可供世人怡情養性，翰墨潤懷，人文山水勝景，格致誠正修齊治平之話頭，做人之道，感世哲言，用世心語，待人接物，識人處世，友誼正邪，禍福成敗，得失榮辱，善惡迷悟人生，權術機謀，統御兵略，致德修業，保健常識，趣味諧語，生死認知，史跡典故，守宙浩空，天地陰陽，五行相生，性命福慧護修，聖賢仙佛之道，天道循環等等無不羅致潤飾，一則之得，誠非易事，看人挑擔、生孩怎難乎哉？

五、本書內容涵蓋廣泛，難為其詳細分類，概以——塵海微語——之點滴匯累成書，閱時自予領悟其意情以心屬之即可。絕不因未予分類而貶損其價值與涵意。事實上很難釐清其別屬，祇有請讀者心燈點明以判之——因拙閱讀時序以定先後——與之所至隨筆記之也。在千萬條中設苦重句乃校對之咎祈予恕諒可乎？五教聖人謂：至上之道，無分別執著心——就是天心——聖心——佛心——道心——慧心——但非人心斯謂之也，何必強予割分？

六、本書先出版第一至十冊，如未劃上人生休止符前，將陸續發行之十一——二十以至……等冊。惜乎智語，能量層次受制於學涵潛力之發揮與闡揚，恐難滿足飽學者之清覽，則非著者所悉矣。採用此種體裁與模式，甚望能獲得共鳴於世人？本乎野人獻曝之旨，難計工拙美醜也！肅請高明賢達不吝斧正是幸焉。

七、筆者附帶說明於讀者之前，本書之所以概採如此格調，緣以友誼窗情，魚雁往返，論於事物，因長篇大論之書札，不勝冗長之煩，用此簡扼話語，頗獲其贊同肯定，咸認為具有新穎創意，故而則引起興趣，始為之廣泛蒐集語慧，誘發心智，粗雅皆揀，文化於白，白化於雅，通俗為尚，本以「靈感來時午夜起，哲理悟得將筷停，報刊書中含禪味，躍身疾筆條句留。」增肥減肥，得看意境，張三李四，恕難其名，潤悟文情，伸縮詞句，多為生活體驗，印證人物，看讀誌情，中外古今語彙之化得，是為此書之寫實耳。蓋以天地之大，宇宙之闊，塵海賢俗之聖言，人類語慧之粹華，甚難羅網參透矣！惟盡其棉薄之微力，作為開啟迷惘點滴之參考，藉以洞明世事，開拓心扉，貫通靈竅，不為俗務糾纏困惑，未悉以為然乎？諒不見責於拙之班門弄斧云爾。設讀者看了本書之後，能化悲情為樂觀，化苦悶為歡喜，轉化人生理念，蛻變生活習性，成為人心開悟導航指針，一卷在手悠遊林山，享受人生，洞明世事探究真偽心遨太空。進而若能：（堪謂：養性修身立世銘）養天地浩然之正氣，法古今無缺之完人，守宇宙運轉之常經，行聖賢忠恕之大道，涵日月太虛之襟懷，立萬世不朽之德業，倡族教通婚之和平，完世界永久之大同，樹人群楷模之規範，揚孔孟做人之天良，立千秋景仰之勳功，著人類必讀之好書，研科技益世之發明，揚中華固有之文化，仁慈愛貧病之眾生，禮行人我間之應對，義協除害群之惡徒，廉取理該得之本份，恥無難是人之品格，鄙不知悔改之邪友，練身心健康之體魄，享桃花源中之淨土，契天人合一之靈性。同時當懷：

大其心容天下之物，平其心論天下之事，虛其心究天下之學，潛其心明天下之理，定其心應天下之變，仁其心愛天下之人，博其心懷天下之情，誠其心交天下之友，廣其心恕天下之仇，寬其心收天下之才，慈其心憫天下之命，志其心立天下之言，恒其心讀天下之書，悟其心宣天下之道，美其心施天下之善，寂其心去天下之情，禪其心忘天下之紛，德其心存天人之性，亡其心靈回天之歸。此為做人德量要求之胸襟氣度與養身修性目標，當是著者衷心之所禱也。該立意似乎太過理想化，凡人就是凡人，欲使凡人化作不凡，豈是一朝一夕所能成之，無非抱著一點期待願供勉之而已。若世人之心本乎諒人恕人惠人愛人益世謙讓厚人薄己之美德，消失報復暴戾仇怨憎恨於無形，人人本乎仁德道義相處以誠，則社會祥和，爾敬我愛，禮儀之邦重現於中華，五千年來悠久歷史文化將弘揚於地球村內，族教通婚，而世界大同何能遠乎哉？香格里拉之田園人間樂土，可呈現眼前—阿們—阿彌陀佛。感謝天恩靈佑中華民族完成人類永久和平之願望樂見促早實現。

最後敬言特強調忠告者—（此地球上之人類科技文明遠比太空中其他星球科技文明要落後千百萬倍—燃燈古佛—宇宙大演正在儒宗聖教，奉旨著作大道叢書內載—在蓬萊桃園八德鄉—無極大道院）—人類時代進入科技文明，航天遨遊—銀河星空—地球變小，互動頻繁，易被物牽。利用電網炫惑害人害己、盜竊騙搶，失去理性，湮沒良知。但人永遠是人——懂得做人處世立業——萬不可受炫幻迷惑，為其役使。掌控事物，成敗非人，一切由己，并超越自我，彼此互協尊重，立於天地，創造貢獻福祉美化人生，發揮仁慈愛心，關懷世人，欲復人性體味世情，靜看此書，品嚐猶菜根譚味道乃人生智庫也。塵海微語——如封面冊數約二十冊——每冊合計二〇九八條。（每二冊合訂為一本——此冊本如封面）其每本具以松、竹、梅、蘭、福、祿、壽、禧、財及「神」之詩畫於「十個合訂本」之冊面上作為封頁。而心縱如此想，然「人生戲場，何時歇鑼?!」以臻於「十全十美」，酬報答天下讀者。是否如願償？待壽逾期頤矣！在此祝望人人看到「神冊」合訂本，進而能認知「萬象非有，唯善不空」，處世互為協利，做人應本乎天良「行善」與「忘我」入於虛靈──神──之佛國淨土，亦是著者夢寐虔禱共勵共勉共成之也。阿彌陀佛──阿門──祈蒼天，護佑，善哉。

東海山人於蓬萊仙島──撰於台灣

韓振方 著

人生智庫 塵海微語

第七冊

中華民國丙戌年 國父誕辰於東海蓬萊仙島——台灣

○白露飛來，破湖秋碧；紫騮歸去踐春紅——紅花將開。

●堤邊楊柳，晚托青烟；苑內桃花春落雨——雨去復來。

○樹壓牆頭，枝分南北；花飛苑底任東西——西方奇葩。

●境入上清，紅塵難入；門開無垢花散香——香因外來。

○古往今來，風月長新；物換人非江山舊——舊情仍在。

●波浪千層，喜魚得水；雲霄萬里鶚橫秋——秋天冷霜。

○滿地錢鈔，難買歲月；漫天柳絮迷世人——人當速修。

●春歸無跡，驗花知行；秋到有聲探葉明——明白春秋。

○鳥入風中，啣蟲作鳳；馬來蘆畔草去驢——驢因草盡。

●江楓漁火，聲聞夜半；寒山狂笑詩留吳——吳會拾得。

○結清境緣，開門誦經；無兒女累心情寬——寬無塵勞。

●道通天地，有形之外；德蘊陰陽無影中——中心堅守。

○一時無兩，詩書畫絕；不朽有三功德言──言立垂久。

●蒼龍日暮，還去行雨；老樹春深更著花──花因得春。

○蔣徑全荒，孟母難鄰；徐娘半老賢亦樂──樂為蔣徐。

●人性至真，世間至美；萬物至善唯一笑──笑不含假。

○明哲保身，輕鄙富貴；賢豪知隱則神仙──仙由人修。

●客情遠來，千古明月；當窗品茗茶作酒──酒淡意濃。

○紅杏枝頭，春意鬧情；烏衣巷口夕陽斜──斜暉映照。

●芳草有情，夕陽無語；海棠花開燕歸來──來而復去。

○江上清風，山間明月；塵世萬物似流年──年華難留。

●人之四週，皆可借鏡；美姿醜態從側明──明心從美。

○南天門上，掛個鏡子；古人白頭格趙雲──雲照始得。

●罔顧情義，無暇哀傷；夫亡不葬為參選──選上沖喪。

○富足快樂，自在人生；禪心佛心慈悲心——心本仁愛。

●湧上心頭，稍縱即逝；人謂靈感立把筆——筆留痕實。

○烟雨江南，桂林山水；北國風沙漠河情——情在興安。

●漫步思考，見當迴避；打斷思路豈應該——該為人想。

○女生排隊，去上廁所；為梨花格名倫敦——敦諧輪蹲。

●安全維護，考慮人己；遵守規則無危險——險由自負。

○堤岸青青，流水潺潺；夕陽晚照漁歌唱——唱出心聲。

●不怒誠懇，雄辯語驚；金剛威塞佛心腸——腸含慈悲。

○功臣觀念，應即掃除；站穩腳跟有前途——途由自造。

●人可以老，心不能老；心有所怠難化天——天佑心靈。

○誠明自蘊，中和之氣；潤色還蓋郁穆言——言得意情。

●鷄皮皺紋，體衰容醜；髮落齒沒老病死——死前悟道。

○人傲惹禍，樹大招風；站著借錢跪討債——債無身輕。

●生若不死，得道成仙；生死循環物理情——情不暴亡。

○要將鐵杵，琢磨成針；好把金針度與人——人當修道。

●融得偏私，則是學問；消得嫌隙謂經綸——綸為家庭。

○煙開鰲背，千尋之碧；山未龍門萬仞青——青山綠水。

●悟解物化，死何足哀；生逾七十七當慶——慶其得壽。

○人抬人貴，無價之寶；狗咬狗賤一嘴毛——毛對難清。

●閱世興亡，眼中有眼；辨別美醜總無聲——聲出人忌。

○奢者富難，儉者貧餘；知足不辱止不殆——殆因知止。

●正氣浩然，培於暗室；乾坤經綸臨深得——得於識博。

○蛋放一籃，人不知變；事涉敏感言顧忌——忌生迴避。

●古之良相，親則相得；公之賢豪多常妬——妬為超己。

○去年此門，桃花映紅；人面何去笑春風——風桃依舊。

●四面湖山，世謂仙境；萬家煙火皆紅塵——塵俗心迷。

○桃源稻香，樹名固雜；牧童特指杏花村——村在皖黔。

●要做一個，年輕老人；不可年輕為老人——人勿自老。

○立腳怕隨，流俗轉變；留心學到古人難——難因不深。

●修書為牆，讓鄰何妨；長城永在始皇沒——沒人爭強。

○飽讀詩書，文章老練；修養功課意氣平——平心處世。

●好不容易，吃頓飽飯；功有所成當謝眾——眾助當感。

○一飲一啄，皆有前定；兒不養老當體情——情看孝心。

●子不養親，應得果報；親為護兒盡心力——力當反哺。

○性中有天，命就是人；知人知性就知天——天合人道。

●婦有二兒，做傘鞋工；天晴傘愁雨鞋憂——憂因難賣。

○人情如紙，世事如棋；酒肉朋友困難見——見盡道義。

●中華民族，千秋大業；百代福祉子孫得——得感祖德。

○人情莫道，春光常好；只畏秋來有冷時——時因多變。

●為政成貪，貪利貪名；勿驚聲華忘政事——事為民決。

○多讀一書，多明一句；智慧領域多開窗——窗多人明。

●塵海茫茫，世事無常；知音良伴度人生——生不負心。

○財劫擁有，人尊非人；落魄輕視輕非君——君因倒楣。

●甲乙丙丁，因緣成熟；君能配合萬事興——興皆繁榮。

○趨炎附勢，人之常情；擁權眾攀無難聚——聚為德重。

●養廉為儉，儉己非人；還從寬大保廉儉——儉人何儉。

○清風一枕，南窗高臥；閒看床頭幾卷書——書解愁情。

●人立大願，始可成佛；不種善因難聖果——果修了願。

○韓柳歐陽，曾王三蘇；唐宋八大文章雄—雄於古今。

●世界宗教，獨一神論；猶太基督伊斯蘭—蘭開自聞。

○看人畫面，獨個欣賞；自己形象由誰瞧—瞧了心明。

●有德聖人，猶如電光；不怕燈多多逾亮—亮照人心。

○喜得門前，賀客不來；為官敢謂無貪情—情得慰心。

●文為世用，百篇無害；言不人賞有難利—利眾始傳。

○主耶蘇說，我是生命；我是真理是道路—路人信走。

●中華民族，包容萬教；道脈傳承萬古聖—聖人印心。

○屏山美景，無徒孤單；看開世情來作伴—伴師辨道。

●科學實驗，物質為主；道德人性重實踐—踐悟本性。

○聖靈充滿，法喜充滿；豁然貫通見本性—性靈不昧。

●夜見白日，明心見性；大徹大悟守墓靈—靈看儀聖。

○有人惹您，您別生氣；若是生氣氣變寒──寒氣傷身。

●正念一生，神來心中；邪意頓起鬼附身──身必為惡。

○性存天理，心存道理；身盡情理返本根──根回理天。

●抛開纏情，斬斷世因；瀟灑自如小濟公──公心隨師。

○妄貪利求，自尋煩苦；知足本樂心常安──安因無想。

●死心化性，萬教師一；生命成道靈回天──天不分等。

○有事逼您，您別著急；若是著急急變熱──熱火人損。

●天賦人性，地賦人命；父母生身三界人──人的來蹤。

○佛家三皈，道家三華；儒家三綱性心身──身情道天。

●天堂壞無，地獄好沒；苦海無真人佛國──國沒假人。

○晏罷臉變，打針不治；死亡證明血中毒──毒殺亞若。

●社會不平，中外皆然；看得平淡心自寬──寬人有福。

○由暗轉明，心中光亮；由明轉暗心難應——應先調適。

●戎馬征戰，流逝已遠；平淡生活無妄求——求多反苦。

○道是行的，德是做的；不行沒道做有德——德本天道。

●人落苦海，若無人救；很難游出自性來——來因迷失。

○政治前途，太子無奈；亞若生命難維久——久關輿情。

●宗教法門，何止千百；得一可佛看人修——修性自明。

○美好的仗，昔曾打過；一切得失讓他去——去不留戀。

●雙足勁健，何怕峰高；雙手靈活百事功——功得常練。

○人守八德，是八個門；終身持一進佛門——門看人走。

●救人的命，是一時的；救人的性是永遠——遠離苦海。

○命是有形，性是無形；人性被救永不墜——墜無岸登。

●鍊透人情，就是學問；看破世情無苦情——情由自迷。

○人之稟性，就是陰命；怒恨怨離煩去除——除掉稟性。

●天命用事，性必人好；宿命用事心常壞——壞陰命滅。

○率性做人，長了天命；心誠做人長宿命——命陰惡勞。

●人在世上，快樂之事；理想奮鬥拼一生——生不遺憾。

○孔子困陳，耶穌釘架；佛被截肢皆不怨——怨人難聖。

●捨錢先身，捨身先心；捨心先性就得道——道無稟性。

○天命天權，宿命人權；陰命人有地獄歸——歸無戒除。

●性與天合，道是天命；心合宿命識宿命——命無稟性。

○自然生活，禮儀心靈；人間淨土重環保——保人護己。

●遠山起伏，則當有勢；疏林高下應含情——情得自然。

○人愛讀書，應有新得；人嗜作文貴新味——味來深度。

●逝水比喻，年華不再；夕陽告知人將老——老非歲月。

○文學戲劇，聲光科技；藝術娛樂和教育——育於體閒。

●水道為經，地理人物；景貌為緯古蹟顯——顯注水經。

○山茶村釀，玉腕滲新；烟花夜月遊人集——集於蘇揚。

●身後恩澤，宜流得長；使人有不匱之思——思念德恩。

○淺嘗輒止，不是藝術；深度體察創新猷——猷為觸發。

●萬象森羅，風情千種；各有靈曲各自探——探幽觀玄。

○山水有靈，神異含蘊；當驚知己於千古——古今人敬。

●清者自清，濁者自濁；爾我分明柳下惠——惠示坐懷。

○面前田地，要放得寬；使人無不平之嘆——嘆有難厚。

●波心蕩冷，月夜無聲；橋邊紅葉知誰主——主難久宰。

○情似無情，樽前堆笑；有心惜別淚到明——明月難照。

●滿山春色，桃花過渡；小流淌水月夜愁——愁望春風。

○踏雪尋梅，秋水伊人；六月茉莉花非花——花前弄影。

●晚霞滿天，楓橋夜泊；陽關三疊山河戀——戀情難忘。

○世人之心，與宿命合；知識錢財皆宿命——命超善施。

●世人之身，與陰命合；人本稟性皆陰命——命有難天。

○聖賢哲士，英雄豪傑；與天比高得苦鬥——鬥己鬥人。

●草原之夜，望君早歸；送我一朵玫瑰花——花開帳馨。

○道就是命，德就是性；性是保命有消長——長守天命。

●宿命會用，超越三界；有錢不會孽難逃——逃無公益。

○世人之性，與天命合；道德仁義皆天命——命得超界。

●修積德性，是長天命；非分錢財增宿命——命貪是陰。

○話憑天理，事順人心；養性事天一貫通——通向理庭。

●不能了塵，難逃輪迴；死後天心永斷根——根是因果。

○上超九祖，自身化去；下蔭七玄壞不傳—傳了難庇。

●有活脫生，善致賢聖；有死脫生惡轉富—蓄及魚禽。

○善有善果，惡有惡因；頭頂三尺有神明—明不為暗。

●美麗江山，如此多嬌；世上英豪盡折腰—腰劍斬雄。

○己心開除，宿命掐死；人不為眾難致善—善行可用。

●心造因果，私心牽掛；心有黑影難了塵—塵生輪迴。

○人之性靈，受制五行；歹念一生有輪迴—迴無超界。

●鮮奶蜜汁，迦南遍流；摩西率以色列人—人出埃及。

○騎著駿馬，縱橫草原；仰首高歌英雄慨—慨然非凡。

●蒙古草原，民無廁所；隨處便溺畜生食—食不留痕。

○大樹遽倒，難再庇蔭；心不依賴志堅強—強難仆下。

●人怕心傷，事怕心結；打開心窗解心結—結無必傷。

○冤怒在身，人有必傷；宣洩得時心氣暢——暢達無疾。

●書有黃金，金非是書；識別智開金自來——來立大業。

○非有至虛，難獲至實；懷以至誠易感人——人之情結。

●天地固悠，滄海固茫；塵世人生非一夢——夢裏看花。

○飲泣痛傷，終將過去；烏雲散盡見白天——天無不亮。

●天發雷達，世生俠客；俠氣骨傷懷正義——義不為邪。

○得理能讓，心慈德厚；水過無痕算高明——明講是非。

●上超祖先，下蔭子孫；為人秉孝可感天——天聽人語。

○有形敵人，容易抵抗；無形殺手疾藏身——身內有菌。

●死中求生，禍中得福；學中探明業思展——展無難存。

○頑童弑父，祭拜靈堂；手持香火中腰折——折發認罪。

●文采筆墨，耿介操觚；學人痛貶世垢病——病無則強。

○品茗吟詠，蒔花弄墨；風吹書扉滿室香──香由眾賞。

●仁如寬達，相忍謀國；精心果力辦大事──事看宗南。

○處置小事，可憑聰明；欲為大事多讀書──讀飽識宏。

●世本無事，多因自擾；上天本厚人自薄──薄無自信。

○偉人背後，定有慧妻；哲人生前多窮無──無始才研。

●人以識發，家以孝存；國以才興文以博──博聞強記。

○無怨何尤，心情達觀；面對人事持平靜──靜心反省。

●心雄萬夫，惜臥床第；忠貞為國嘆琴齋──齋胡將軍。

○不明史乘，難知身處；昧知時勢豈明世──世局常變。

●農業社會，惜盤中餐；工業時代論消費──費自多物。

○助人成長，心中快慰；看人有成不妒忌──忌人非德。

●天有陰晴，月有圓缺；人有離合悲歡情──情得以真。

○人世情懷，表現百端；喜怒哀樂愛惡慾——慾多傷身。

●塵寰無奈，難離現實；柴米油鹽醬茶醋——醋多煩苦。

○人生於世，相結於心；生死離合皆塵緣——緣了情遠。

●羔羊待宰，逃跪婦憐；屠得赦錢終放生——生有靈異。

○心靈暗痕，不去必痛；創傷陰影應早除——除不難樂。

●表面假像，難評其情；事物內心應探明——明白內外。

○有色世界，美豔象徵；紅白黃黑藍靛紫——紫橙綠顏。

●人世情緣，終有了結；悲歡離合宜看淡——淡無必傷。

○事不做絕，終有迴旋；行留餘德庇子孫——孫感祖先。

●雙宿雙行，為時短暫；享受獨處心淨寬——寬心養德。

○暮色蒼茫，亂雲飛渡；無限風光看長江——江山雄壯。

●古人今人，恆河沙數；生死無常似流水——水逝留痕。

○名利讓人，讓非能得；當仁不讓義尤難——難義與人。

●祈福報恩，發心還願；懺悔憫憐吉祥慶——慶世太平。

○權利崇隆，不顯矜伐；叢謗交集不抵諉——諉非大樹。

●美如青山，長難久處；鬧臨塵市短反安——安人看養。

○難耐寂寞，人必淒苦；心無人解情更傷——傷世冷暖。

●多少人心，受了烙痕；鬱結於心應自療——療破命長。

○仰無事憂，俯乏蓄勞；享受塵世心難愁——愁得自尋。

●兵法非他，不外人情；人情區處則兵法——法利人己。

○統御百萬，居無片瓦；封疆文武乏金蓄——蓄看宗南。

●身膺疆寄，進退百僚；統御百萬身無產——產有非胡。

○死不飽錢，生不畏敵；塵世異數惟宗南——南海一龍。

●親慈子孝，兄友弟恭；書田無稅兒勤耕——耕須深明。

○活得尊嚴，去得瀟脫；生死路上多采姿──姿容不衰。
●天上明月，照亮今古；今人何曾見古人──人看月異。
○攤販林立，吆賣呼喊；眾生討生為生活──活須勤為。
●宮庭王侯，亡國王孫；朝為貴顯夕娼婦──婦賤反貴。
○眾人得樂，寧下地獄；蒼生脫苦始心願──願眾無苦。
●身疲神倦，兩眼羞光；靜坐默想得超生──生前豁達。
○話難相契，一語嫌多；談能投情萬言少──少講多聽。
●陽光燦爛，晚霞迷人；行無暗礁度餘年──年曰慶歡。
○春夏秋冬，花開花謝；冬去春來草木生──生人縮影。
●威鎮秦隴，東海蛟龍；官清贏得時人讚──讚秦東昌。
○鎮靜於表，虛怯於心；表裏不一難為人──人難處人。
●一代名將，含冤九泉；自古英雄難申論──論看孫胡。

○奇峰挺秀，橫石懸空；縱覽雲飛天若仙——仙景廬山。

●怒氣沖天，談笑自若；苦無困頓喜悅人——人生境界。

○名利權勢，身擁側目；留德遺世萬古頌——頌無必險。

●事可以為，不可以為；利害得失先慮明——明無心悔。

○亡人國傷，亡家更痛；亡國尤甚亡家人——人人愛國。

●寧顏無聲，靜除俗心；塵市音吵靜中處——處必神安。

○人喜物類，請取自用；人們不用則為我——我您皆喜。

●豪傑將相，叱吒風雲；無情浪淘一坯土——土埋貴賤。

○頂天立地，忠肝義膽；奸雄負恩背信人——人當慎為。

●醜望美扮，美反醜顯；軟沒硬起硬反軟——軟因客觀。

○當人子孫，為人爹娘；為來當去難做人——人本道生。

●性天清朗，心地光明；胎乳襁嬰幼青壯——壯老衰死。

○霸氣豪氣，才氣名氣；經幹四海有分寸──寸心呼雨。

●存心養性，執中貫一；孔子儒家本忠恕──恕主仁德。

○死心化性，萬教歸一；人稱儀聖王鳳儀──儀昌本道。

●聖靈陽光，溫暖養心；收贓陰氣必傷身──身懷陰陽。

○男大當娶，女長宜嫁；夫婦乾坤合陰陽──陽剛配柔。

●洗心移性，默禱親一；耶穌教人以愛心──心守博愛。

○修心練性，抱元守一；老子李耳道家主──主張清靜。

●明心見性，萬法歸一；釋家佛祖論悟性──性本慈悲。

○塵世人類，善惡正邪；心本良善皆可佛──佛得無怨。

●任勞不難，任怨不易；名非英雄況虛名──名符其實。

○諸神合擁，天下一統；統一天帝先天道──道歸一靈。

●經典易得，明道難悟；苦參可悟相伴生──生死可安。

○賺人閱讀，喜不釋手；世上好書當快讀──讀了識廣。

●人論一生，不論利害；要論萬世不論生──生為丈夫。

○坐在礁石，遠望大海；浪起浪落情無限──限於人生。

●傲骨虛心，熱腸冷眼；真理在前不惜護──護以正義。

○淨化社會，宗教有責；人心淨化看個人──人神安定。

●富貴榮華，終將毀滅；樸質大地是歸宿──宿了再醒。

○因想不去，始謂頭疼；非是頭疼故不去──去了兩難。

●德以富貴，猶林中花；功以榮華似盆花──權得瓶花。

○雖為愛侶，性向有異；咫尺天涯生活人──人相包容。

●有緣相識，固然不易；無緣重逢嘆世難──難在不約。

○人生在世，身如浮萍；飄流聚散影無常──常在心念。

●起義抗秦，楚漢稱雄；項羽兵敗烏江死──死在皖和。

○有毒不吃，虧卻要吃；無錢不借書要借——借還人德。

●有形消失，隨風物化；無形煙沒難重現——現非地球。

○德曰戰敗，忍辱圖強；凌駕列國資源雄——雄於經濟。

●承受病苦，熬練忍耐；面對陰陽心明白——白戀塵世。

○不求上進，縱情煙賭；有負先祖遺產業——業應發展。

●痛難欲生，癢卻求死；塵世境界豈表言——言非人言。

○自愛難悔，自重難輕；自信難眩立難擠——擠非自雄。

●日本島國，資源貧乏；人民勤奮科技精——精於研發。

○因緣了散，瞑目撒手；塵世牽腸是多餘——餘情了斷。

●生既得歡，死當盡喜；生歡死喜皆歡喜——喜來歡去。

○天地為大，父母為尊；忠孝當先天下平——平等立世。

●死在當頭，尚戀物情；生不明捨愚何極——極地冰冷。

○生死悲歡，塵世情懷；看開來去心無戀—戀固難捨。

●待罪羔羊，任人宰割；賢豪臥病嘆身情—情非能己。

○一瓦之覆，無椽之庇；死難營葬胡宗南—南師終台。

●肥水赤壁，以寡擊眾；偏安東南難復國—國難完整。

○臥病床塌，難望復起；心情灑脫快離塵—塵無人苦。

●兒女探病，不聞哭涕；喜慰安去心情爽—爽遊雲天。

○昨日親友，今早遠去；誰不悲憫嘆無情—情難挽回。

●生為死端，死為生根；天人合一生死溶—溶泥捏人。

○死守家園，怎稱丈夫；生不創業怎為人—人志沖天。

●開國明主，亡國昏帝；朝代長短看政情—情有不同。

○耶以代禱，互為關懷；儒以忠恕愛人群—群以眾舉。

●健康舒適，光明清潔；地球環保大家來—來保無污。

○風流徐娘，癡情寡婦；大家閨秀小家玉——玉女鍾情。

●智慧才器，情感識見；身分背景看其人——人家品德。

○西落殘月，東露曙光；一日奮戰看今朝——朝向人生。

●志縱堅強，強勝智略；亮瑜之間稍遜籌——籌策人先。

○佛以慈悲，拯救眾生；道以無為治群倫——倫皆清靜。

●狂以進取，狷所不為；阿世媚俗士豈為——為必自主。

○薑桂之性，愈老愈辣；年增歷練經驗豐——豐無則愚。

●食衣住行，育樂情性；人類生活難缺如——如何拼得。

○人類空間，渺不可極；地球太空居難窮——窮目星球。

●人固多情，私誼可遣；山河民眾皆本禮——禮義廉恥。

○人生競賽，冠亞之別；最後終點各千秋——秋收不同。

●人生戰場，本是豪賭；一齣大戲歷史演——演分主配。

○人恩可念，但不可忘；人仇可忘不可念——念恩忘仇。

●冥天大地，萬物逆旅；宇宙時空人過客——客居無常。

○國以花誌，謂為國花；人以性別家傳遠——遠景溯源。

●娶個老婆，讓她幸福；嫁給丈夫使他樂——樂苦同享。

○患難友情，關懷友難；最難風雨故人來——來慰難心。

●身臨浩劫，當持冷靜；處於宣囂心平定——定悟人性。

○滿天虹霞，彩帶鮮花；神州族類雲嶺飄——飄上蓬萊。

●人生是夢，歡愁隨身；樂現奮鬥心無憂——憂可毀人。

○權利義務，現實理想；人以本分去拼鬥——鬥必有法。

●沮喪過後，恢復原性；受挫逾時再奮起——起當謹慎。

○天上何來，山水勝境；人間淨土是神仙——仙悟心間。

●儉於其親，難謂之禮；儉遺子孫豈稱智——智用其當。

○夢幻人生，如露如電；石火歲月似閃電——光現則滅。

●白髮蒼顏，紅塵顛沛；風霜難摧老彌雄——雄不服輸。

○哲學生活，活必空闊；生沒哲學則無味——味有趣濃。

●亙古萬年，天地初創；有無實空相皆生——生必是道。

○儉於慳吝，難謂之仁；儉於貪求豈稱義——義不妄得。

●戲問知友，腹藏何物；忠肝義膽少時宜——宜明現實。

○杭州西湖，惠州西湖；朝雲生死是命緣——緣隨東坡。

●人生智慧，生活哲學；心靈潛修筆遊刃——刃鋒化潤。

○儒論常有，心裏充實；道謂常無心靈空——空悟是空。

●道是上帝，聖神仙佛；阿拉天帝天地神——神本是道。

○深入淺出，遊刃筆鋒；隨心所欲無阻礙——礙無學涵。

●心靈自由，不受羈絆；超越空靈體察道——道合天人。

○一篇文章，一本好書；一句勵語改變人——人常志雄。

●糾纏不清，人生痛苦；事弄明白心必樂——樂無必憂。

○安定民主，法治建設；團結均富統一心——心無鴻溝。

●踏入佛門，斷絕浮華；一心成佛終落空——空空是佛。

○看人論事，評品人物；生活行為人際緣——緣本儒家。

●汲汲營營，鑽進生活；俗不可耐是人生——生有品味。

○千古文章，不外人情；勿代塵世難脫理——理通人情。

●蔬果充饑，何必膏珍；繒絮禦寒不錦繡——繡穿浪貴。

○佛非無情，普渡蒼生；佛無憐心佛難成——成佛不佛。

●出世無我，入世助人；佛以憫心月千江——江月同明。

○野狗爭食，拼命鬥搶；人為權益情理難——難無論法。

●固步自封，難得陽光；突破牆壁看天空——空間遼闊。

○為學之益，變化氣質；行事之利，身作則——則人為先。

●不念舊惡，與人為善；以德報恩，做人則——則無人恨。

○十一建政，陸台國祚；四九分旗，陸無合——合屬正統。

●無價之珠，射樹之雀；權衡輕重，當判明——明察再彈。

○幼苗皆段，固有溫床；青壯成長，未必強——強須磨練。

●機車艦輪，時傳災難；風大震雨，禍不斷——斷非無人。

○命猶文章，非看長短；生如充實，價更高——高因貢獻。

●中央地方，民國人民；多寡大小，窮富明——明只一個。

○喝茶聊天，讀報看書；郊遊野餐，看風景——景色潤心。

●枝葉花果，縱葳一時；根基不固，難維久——久當培源。

○千語萬言，無緣難言；男好女好，有情好——好當憐愛。

●悔恨難伸，悵惘何似；事難表明，問心懷——懷鬱當解。

○人生十年，未有幾何；潮起潮落花開謝——謝前珍惜。

●為生忙忙，暈頭轉向；等到清醒人已老——老當無苦。

○家醜外揚，子孫蒙羞；國醜外洩國人恥——恥當洗滌。

●北地胭脂，南國名花；環肥燕瘦雅俗競——競往囊澀。

○嗜賭濫交，無錢挺險；沉迷電玩終身毀——身當寶惜。

●風簷讀史，慨嘆興衰；明君賢相昏君亂——亂由無能。

○衛紙一色，未週告罄；擦拭鼻水因敏感——感苦速治。

●爭所當爭，言所該言；為所應為不愧職——職稱其職。

○海峽兩岸，大陸南北；八千里路東西攝——攝為凌峰。

●舞廳酒家，酒廊酒吧；咖啡茶室理髮廊——廊去人毀。

○坐奸犯科，南國名花；親人失錯家人納——納皆慰心。

●一言與衰，一語榮枯；一筆成敗記者心——心筆秉正。

○友既相得，宜當含忍；怒口惡言面難見——見聞冷心。

●權能及處，多行善事；力不逮時存善心——心懷仁德。

○老友老本，老伴老壯；人生俱足心安樂——樂看人享。

●貧賤累人，則失其義；富貴念人可及仁——仁以恤眾。

○光明正大，落實人生；絕不媚俗不偏鋒——鋒尖危險。

●工作環境，淚有辛酸；到了那山沒柴燒——燒了再生。

○今日青年，頭腦鮮麗；古人歲月心僵硬——硬無常新。

●身心疲憊，四肢無力；勉強工作必病倒——倒沒先息。

○群峰環境，巨浸臨空；碧波浩蕩是天池——池稱瑤池。

●心言既出，船過無痕；人聞恪心永難滅——滅必慎發。

○三八年前，陸台合一；四九年後分陸台——台為正統。

●不是風動，亦非旛動；為仁心動非人心——心分聖俗。

○乞討奉親，屠陷暗坑；牧兒覓羊終得生—生因孝親。

●婚姻悲喜，永不下片；世事榮枯孰難定—定看落幕。

○壽逾百齡，不綴攝影；國際知名郎靜山—山野留痕。

●羹堯舊屬，年過百五；山果果腹李青雲—雲遊名山。

○拼命賺錢，固為幸福；年老體衰皆落空—空夢一場。

●哀哀父母，生我劬勞；由道轉儒見倫常—常不忘親。

○洞房花燭，陽明溜出；夜訪修士坐天明—明朝理學。

●年近百歲，運動得獎；田徑健將王錦昌—昌由自昌。

○軍閥名將，九五登峰；子女半百數楊森—森林常獵。

●小人之心，地獄之心；撒但之心罪惡心—心皆筆除。

○刺傷人心，當思彌補；無心言語宜檢點—點到為止。

●苦惱失望，悲傷憂鬱；病源魔頭從此起—起當開心。

○倫理親情，疏論則敗；人際無巧看真誠──誠無難業。

●舳艫千里，釃酒臨江；橫槊賦詩固世雄──雄今安在。

○以牙還牙，敵視對立；以愛相愛熱情露──露潤心田。

●夕陽餘暉，盡情沐浴；愛是益方性為補──補難外求。

○子幼自閉，力矯上學；車禍斷腿母哀傷──傷感人生。

●親情反目，難論關係；縱係骨肉亦變仇──仇解烙痕。

○秋水悲歌，一死得脫；生負苦情死難伸──伸明了心。

●人非氣質，無以為性；非以氣質難見性──性本天賦。

○金錢賠完，可以賺回；時間耗去實難賺──賺必先計。

●人性相剋，恨難相在；物性相生相對剋──剋難同存。

○進德修業，人生當為；一旦崩潰心難復──復須樂天。

●人受挫折，家人慰藉；親情可貴多在此──此親難括。

○落葉歸根，死歸泥土；空空來也空空去——去到極天。

●情感物質，難繫親友；疏論一端皆難談——談以現實。

○玩物喪志，愚昧無知；不識人間愁滋味——味由心品。

●有求生苦，無求則樂；無貪心滿有則難——難滿慾足。

○身軀消失，褒貶難尋；塵掃雲煙世無痕——痕以留文。

●塵世迷惘，挫折歸來；心境蒼淡萬般休——休養再戰。

○不怕碰壁，只怕自閉；不怕無能怕不幹——幹必有得。

●遠離塵囂，與世無爭；山林隱修靈性淨——淨土在心。

○人性殘酷，莫過相剋；恨不早死怨始消——消忌心安。

●不是強人，便謂為恕；不以自恕則是強——強恕是名。

○手相身相，面相骨相；鑑貌辯識四種形——形分貴賤。

●千丈崖上，峭壁懸棺；江西貴溪現奇蹟——蹟屍不枯。

○自謂志酬，則是無志；已謂事功便無成——成己成人。

●往事悠悠，浩歎無濟；塵海淨生傷苦情——情網難解。

○心有幸福，始謂幸福；看人快樂未必樂——樂天知命。

●是非好惡，好惡是非；萬事萬變良知心——心本仁德。

○霉運固有，霉氣當除；振作鼓勇晦轉晴——晴天無雲。

●麵茶灌腸，炒肝不炒；蝦酥非蝦四不符——符不名實。

○災禍失業，傷害丟財；喪親得疾家奇變——變不氣餒。

●生寄塵寰，早晚皆歸；時空無限命短暫——暫僅百年。

○三八國變，刀斧萬劫；偷生海上幸苟活——活返大陸。

●兩黨為國，昔曾操戈；長劍杯酒策未來——來強中國。

○不自偉大，無人偉大；自我膨脹人必惡——惡其無知。

●哲人懷刑，見機遠罪；佞人懷惠存僥倖——倖取非分。

○醫生診斷，檢定氣血；長壽不脈看神色——色本內清。

●心存物外，不為物役；身處塵內心世外——外莫牽情。

○葫蘆樂器，重現人間；山東教師劉炳臣——臣為人雄。

●菊花枸杞，兩相合煮；濾過冰涼當茶飲——夏治眼火。

○聖人懷德，悟情明理；佞人懷財重現實——實反虛幻。

●外人諷語，因難忍受；親人頂撞尤痛心——心當物外。

○縱乏人責，無心愧失；撫躬自省悔恨深——深難人諒。

●塵世騷擾，安神定心；舉臂抬腳頭仰低——低仰走動。

○治生無方，養家無法；窘極濡潤親友難——難知高陽。

●以人參鬚，合麥門冬；煮泡茶飲補元氣——涼血滋陰。

○投入社會，工作綁死；身欲解脫看心閒——閒得自閒。

●禪立運動，如時鐘擺；前後規律定神氣——氣通卻病。

○帆桅林立，夜市千燈；二十四橋明月夜——夜遊揚州。

●合前合後，形像不一；幕前幕後辛難言——言不由衷。

○以拙可免，無干罪過；以閒可討萬便宜——宜當慎用。

●君讓一尺，自退一丈；道路寬廣大家行——行不造禍。

○動而不動，不動而動；動中有靜靜中動——動氣養神。

●長堤煙柳，一路亭台；春風十里揚州夢——夢瘦西湖。

○煙不離身，杯不丟口；縱懷雄才難壽命——命看高陽。

●養心在靜，寡欲為先；養身在動以動前——前去攀峰。

○搧墳試妻，看大劈棺；莊周曉夢迷蝴蝶——蝶影飛舞。

●禪有立禪，坐仰伏禪；凡禪入定心神安——安忘無我。

○嗜愛杯中，人去免得；酒精急性肝硬化——化人了沒。

●酒色財氣，功名利祿；看破紅塵皆可拋——拋去物慾。

○人為事磨，始立得住；心為情牽應知守——守難解網。

●金人都城，開府黃龍；吉林農安岳飛搗——搗志未展。

○智生於憂，憂生於愛；愛生於仁仁生慈——慈生於心。

●年邁逾矩，難補遺憾；無心缺失當戒悔——悔難不責。

○多讀古書，靜悟塵事；收劍浮氣增定力——力靜乾坤。

●聲音多元，無甚可畏；雜音冒出宜當心——心為弄亂。

○當歌對酒，同悲萬古；今人誰月誰去憐——憐無奮雄。

●淡雅空靈，氣質冷逸；竹未出土節先生——生為人德。

○一竿翠綠，臨風搖曳；輕奏天籟竹韻美——美因靈雅。

●深藏蘊積，大器晚成；年少得意老無聞——聞當功言。

○塵封恨事，深烙心底；何曾忘懷難褪色——色當不染。

●沖天之志，無才難展；馬行千里須人引——引看正邪。

○人固同窗，際有參差；事情處理皆別異——異看理念。

●暴君高壓，難擁志伸；世上困難人不屈——屈難為人。

○衝破籓籬，飛上青天；一隻醜鴨變麗鵝——鵝看韓秀。

●名城勝事，幾經興廢；夕陽照遍古今愁——愁心宜解。

○鼓勵多言，責難少說；人際統御皆應為——處人處世。

●日月偷換，霜寒無情；天涯倦客嘆無奈——奈豈受憐。

○整天工作，難得休閒；眼前想有開心果——果美難長。

●人性殘酷，莫過忌煎；利害衝突難論情——情潤親友。

○粗疏空泛，盲從武斷；讀書四忌不可有——有難精進。

●江山無限，無限江山；憂患無窮心茫然——然必奮起。

○昨隱山林，活同神仙；今跌紅塵生計艱——艱難克服。

●外形湯色，香氣滋味；品茗四缺不可忘——忘難清雅。

○非有天意，難論興亡；朝代遞嬗皆前定——定無迷信。

●天罡降臨，掃平群魔；天下太平兩岸統——統看中國。

○其情可憫，其志可愚；其行可誅曰降人——人首切腹。

●繁華榮辱，雲淡風輕；一簑煙雨任生平——平淡自通。

○忙裏偷閒，踏青郊野；清淡揮塵忘世憂——憂解心樂。

●人情物理，眛於不明；學問到家沒有用——用不反情。

○頭戴五八，身穿天工；天下幾無人類生——生幸蓬萊。

●厚黑學說，千古謬論；宗武狂徒親陌人——人當怨愛。

○身寄塵寰，回首坎坦；固無風雨亦難晴——晴陰自明。

●恨身非我，難拋汲營；名韁利鎖絆終身——身置物外。

○寄身塵海，隱處衙樓；瞭望星空嘆今昔——昔曾戎馬。

●林蔭深處，麗鳥飛隱；鳳凰來棲神仙境——境在象山。

○林園幽靜，麗禽投宿；鳳非凡鳥伴仙遊——遊戲塵寰。

●處有嫌隙，多抱幸災；居鄰和睦禍關懷——懷情相助。

○捨本逐末，輪迴相轉；一覺夢醒是如來——來必早修。

●人能安分，絕無身辱；事若知機心自閒——閒人常愁。

○崎路風霜，窮山惡水；花明柳暗復現景——景色珍惜。

●掩耳盜鈴，裝聾作啞；自欺欺人不聰明——明人則明。

○處事從容，則有餘味；為人從容有餘年——年得長命。

●智光慧果，皆同根生；我本是佛何求佛——佛非外求。

○世豈可畏，人畏人窮；窮馬可畏畏無志——志富當仁。

●西安事變，協以口頭；捨內對外先抗曰——曰戰提前。

○蔣周不講，吾何能言；事變主角看少張——張護脫險。

●一肩明月，兩袖清風；哲人風範胡俞崇——崇其潔廉。

○明讓陰取，暗伏殺機；旁人道破終難勝—勝曰備戰。

●捨去假身，保留真體；靈魂元神是如來—來去自如。

○一靈獨存，心領神會；自見元神憫愛人—人人可佛。

●相言惡語，惹氣反擊；彬彬有禮受人敬—敬必協力。

○事悖情理，絕不可做；人違良心怎能為—為必喪德。

●曰要反俄，責蔣滅共；共急抗曰迫對外—外明左右。

○人用假身，逐鹿名利；忘掉本性終沉淪—淪入輪迴。

●昨曰共歡，今朝永別；生死無常世上情—情外難情。

○憂人生死，若為病痛；煩因情牽惱世貪—貪無則樂。

●忠於真理，卻被欺騙；貞於愛情遭毀滅—滅縱仍守。

○天地萬物，俱皆假相；豈能假相云有相—相因心生。

●兩鬢飛霜，羞看青銅；顧影無如白髮何—何不百鍊。

○莫問世間，求佛很難；得來全在方寸間——間問本人。

●孝子賢孫，萬事萬物；皆鏡中花水中月——月影虛幻。

○為非作歹，難逃制裁；守法守分得樂業——業成於德。

●昔固青壯，瞬屆百年；此身終將得人扶——扶人自扶。

○黃粱一夢，慧花妙開；原來有相本無相——相滅神存。

●金錢情慾，功名利祿；榮華富貴皆虛幻——幻迷本性。

○一夢醒來，諸般竅通；省悟覺徹透天機——機明在己。

●只談銅臭，鄙夷書香；心靈滋潤勝金錢——錢毀本性。

○吃苦觀點，看人感受；心有挫折宜冷靜——靜思改除。

●塵海豔麗，彩蝶競舞；人生歲月宜珍惜——惜福為仙。

○有病治病，無病強身；健康幸福以尿療——療須飲恆。

●蟻被踏死，難見餓死；萬物之靈人宰世——世上為雄。

○一夕纏綿，忘卻分離；銀河星瀚喜無苦——苦在心懷。

●板栗美果，益腎酬飢；老人常服除腰疾——疾治腎癒。

○龍德潛修，謂之神隱；息機鍊心為真隱——隱修淨心。

●功成身退，謂之俠隱；屏絕世緣為豚隱——隱去修道。

○長虹臥波，自天而降；滾滾黃河似空懸——懸在睢縣。

●情人節曰，是在七夕；牽牛織女遙相望——望不分手。

○執子之手，與汝偕老；牽牛同林不生變——變同受損。

●孤立自己，隱處山野；萬緣放下出攀籠——籠鳥飛空。

○樂道安貧，謂之儒隱；大義稟然為節隱——隱不出仕。

●急流勇退，謂之達隱；心本淡泊人適志——志看人為。

○舟車街上，戲台廟會；看人人看反觀己——己為人鏡。

●可爭可求，世事固多；可嘆可惜憾難免——免除煩惱。

○遭受污辱，忍其當忍；忍以理性非悶忍——忍氣吼解。

●未生之前，我本是無；現在是有百年無——無入於有。

○聰察強毅，正直中和；賢良方正極言諫——諫必切弊。

●少個好友，少一扇門；多一敵人多道牆——牆無人通。

○天下之松，莫奇黃山；雲台之松尤勝前——前無連雲。

●塵海苦樂，人情冷暖；回首向來蕭瑟處——處抱豁達。

○過去之我，我是那個；現在是我未來誰——誰又是我。

●無中生有，有入於無；有無相生永不息——息入領悟。

○人生舞台，終會消逝；當年叱吒今階囚——囚人自囚。

●看人可愛，自更可愛；看人可愚己尤惡——惡人非人。

○女子無才，誰謂是德；男人有德勝其才——才德併舉。

●杵臼為音，踏地為節；同樂歡慶扭秧歌——歌舞華夏。

○母親節日，來自舶來；父親有節創中國——國難揚氣。

●大亂在鄉，小亂在城；無亂安業守祖宅——宅望人興。

○青山倒影，綠野翻波；桂林漓江聲歌聞——聞傷泯流。

●文章要好，多看多聽；多讀多寫多遊學——學貫中西。

○可怕骯髒，現實無情；鉤心鬥角政治人——人本良心。

●原本無我，何來有相；無相無我本無生——生豈執著。

○賢若擁財，則損其志；愚如有財益增過——過無必前。

●人若認輸，缺乏勇氣；坦誠認錯是智慧——慧生於心。

○女大難留，人大難處；事大難辦心大險——險當化安。

●心即是天，天則是道；人善養道心通天——天道心修。

○昨天彩雲，昔日創傷；留戀追憶畢痛苦——苦無反喜。

●貧賤卑窘，鬱志悲憤；雄才蓋世不逢時——時人得助。

○俠義情懷，人人俱有；路見不平拔刀助──助人除暴。

●墨俠本色，儒道精神；以儒行俠仁愛心──心本義德。

○俠情俠義，俠客俠氣；以武犯禁墨家人──人本守法。

●怒不諫人，諫必人疑；食不生氣易傷胃──胃得以和。

○飲食有節，起居有常；做事有恆容止定──定心處世。

●幸福在心，不在人眼；命運在己非操人──人得人助。

○天地正氣，莫過俠義；看人委屈挺身出──出主公道。

●佛門高僧，神父修女；一本犧牲奉獻人──人得福慧。

○墨家主俠，儒家本仁；以俠行仁協世安──安德無私。

●天葬水葬，土葬火葬；葬有不同意有異──異地看俗。

○敗苦倦極，人多呼天；疾痛慘怛喊父母──母為心繫。

●人富鄙窮，其富唯久；人貴傲賤多取辱──辱其忘本。

○家藏書畫，勝財千萬；子孫能守看裔賢—賢當積德。

●當代顯要，宜留墨蹟；五百年後皆國寶—寶看得品。

○關山險阻，人悲失路；萍水相逢當惜緣—緣由前修。

●老不癡呆，強化筋骨；百歲靈敏無黃昏—昏不知動。

○自古常言，相逢是緣；況同舟車共枕眠—眠皆前修。

●茶亦醉人，何必用酒；花能傲雪況於松—松風明月。

○心無閒愁，處世淨土；身有塵俗難神仙—仙得人修。

●風飄浪逐，身猶絮萍；四海江湖難自己—己定非人。

○先苦心志，勞以筋骨；人生事業奮戰成—成於智用。

●身要常動，心宜活用；青菜豆腐保平安—安步當車。

○實際利益，世人固重；厚德仁義尤應講—講先施眾。

●名有正反，譽分好壞；江山人物看世評—評品德業。

○情疏貌親，心不可測；情親貌疏人可交——交必真誠。

●安坐斗室，禍從天降；身置江湖福隨來——來因德厚。

○罪惡污穢，誘惑濃艷；沉淪墮落腐敗情——情看人用。

●天地萬物，皆為資源；人本科技均可用——用利民生。

○無求當是，安心法門；不飽確為卻病方——方加運動。

●才高學富，行當穩重；事功完滿不為喜——喜後憂愁。

○身擁千萬，心貧如洗；權宰天下懷仁德——德傾人危。

●幽居獨處，塵寰絕緣；寂靜無擾度餘年——年年喜悅。

○擁擠嘈雜，混亂吵嚷；市場街道千種景——景由心賞。

●仰人鼻息，看人顏色；獨創自業自做主——主人難當。

○明日彩虹，艷陽藍天；光輝燦爛度人生——生看光明。

●道家修養，儒家胸懷；墨家行為佛家慈——慈悲度世。

○事不團結，終必下海；曰人示民應警惕——惕己勵人。

●頌仰其行，面不敢忤；暗咒缺德狠心人——人當直諫。

○猿熟馬馴，方可脫殼；功德行滿見真如——如來佛心。

●虛氣驕氣，浮氣傲氣；讀書寫字可醫除——除非骨氣。

○井岡山上，大渡河橋；松潘草原六盤山——山為共走。

●人間嘉節，萬戶吉祥；青天白日昭寰宇——宇宙光明。

○出言銅臭，認非雅人；語關世情看認知——知勢止情。

●莖絲滴水，當知來處；粒米飯屑應惜福——福完必苦。

○貪愛五欲，瞋恚無忍；痴愚無明三毒發——發先去掉。

●身遭人棄，不遇雄才；英豪難世嘆無用——用人器宏。

○謙沖致和，開誠立信；坦蕩自然處人群——群己皆諧。

●江山主人，誰可久宰；塵世無常浪前推——推陳出新。

○一壺掃塵，用暢清談；半榻酌飲友共醉——醉茶勝酒。

●溫室花朵，風中勁草；人欲創業先寒霜——霜冰得成。

○繞室徬徨，憂困莫解；愁怨悶苦經惟唸——唸唸無唸。

●理虧情怯，色厲內荏；虛張聲勢飾破敗——敗反羞怒。

○無風浪起，詭譎陰險；世無淨土難逍遙——遙望遠景。

●人假令名，自抬身價；身挾其勢則名重——重當善用。

○但做一百，不為九九；事欲求美以力為——為以求善。

●萬葉秋風，孤館獨夢；一燈夜雨故鄉情——情繫鄉梓。

○塵世愁苦，多難解脫；何不寄身大自然——然必無須。

●擁有子女，固謂福氣；福非有福多有氣——氣生於忤。

○佛陀淨土，極樂世界；耶穌天堂去平等——等君來享。

●縱有烏雲，難擋陽光；路無坦途難見勇——勇當合眾。

○自然界中，青山綠水；賞心悅目莫過花——花美人嬌。

●九世同堂，難免歧生；唯有一忍化戾異——異有溶無。

○小人利盡，反相賊害；君子益損則不言——言必無德。

●人正其誼，不謀其利；行明其道不計功——功論其格。

○人心能靜，坐下思放；得失後果當檢討——討應改進。

●粉白黛綠，嫣紅姹紫；百花艷麗怡悅情——情懷雅致。

○江山固美，人去則空；人花縱艷不看無——無有是有。

●唯獨飽學，始有內涵；閱歷不豐難看遠——遠須深度。

○權己之私，譁眾取寵；腆顏世仇雲雨翻——翻覆無常。

●螃蟹好吃，唯有蛋黃；四爪不去核難吃——吃法看人。

○毛蟲脫殼，彩蝶飛出；不經陣痛難皮落——落前須忍。

●相互幫忙，彼此成長；人生在世本奉獻——獻身人類。

○人世短暫，永生無窮；靈修奉獻為將來——來世難知。

●外面世界，多去看瞧；象牙塔內無新聞——聞後宜審。

○年邁老朽，步履維艱；骨骼不靈快運動——動未朽前。

●宰輔閣揆，定國安邦；忠信守禮智獨具——具格選才。

○以古為鏡，可測興衰；以人為鏡知得失——失察必敗。

●接受施捨，感覺無顏；賤賣授與認便宜——宜尊人格。

○火熱力量，到處散發；溫暖人類皆知愛——愛心普施。

●病入膏肓，自悟難起；緣生緣滅歸自然——然當笑去。

○減少痛苦，兒孫盡力；臨去無念心自悟——悟往仙境。

●年老無聊，繁瑣繫心；活得有趣往好想——想人美麗。

○晴天霹靂，突降奇禍；沉靜負重勿自陷——陷必毀身。

●心情沉痛，難言口笑；放開胸懷丟塵寰——寰外無愁。

○氣悶在心，實在痛心；事為人言無人吐——吐完少病。

●悔恨抑鬱，懨懨成疾；怨氣難伸易歸陰——陰不先解。

○深秋時節，寒月懸空；一葉孤舟蕩湖中——中心明月。

●曾因十年，心情相同；學良慰監謂前輩——輩無恨心。

○心湖波瀾，必有奇因；虔誠悔悟得正果——前果應修。

●事想開了，心情輕鬆；鬱結於胸必重疾——疾當求解。

○天塌下來，不過如此；禍災來臨心坦對——對必無事。

●望子成龍，希女成鳳；龍鳳難得但成人——人中非凡。

○昔日天驕，當年寵兒；千富萬貴難脫俗——俗人難聖。

●背骨脊椎，健康泉源；棍橫磨擦血脈通——通必無刺。

○昨日彩虹，往昔雲煙；留戀追憶必痛苦——苦當忘掉。

●心靈安奉，使其幸福；身體強壯人快樂——樂由自悅。

○玉露未寒，秋高氣爽；山明水秀偕攀高——高峰得壽。

●無蔽塵器，別窺洞天；察於微物開心竅——竅門明亮。

○心境青春，勝煉丹汞；營養均衡勝偏食——食多傷胃。

●預防貧血，心腎改善；常食蜂蜜有幫助——助其強化。

○自己行為，別人難負；一切前程握手中——中有坎坷。

●靜入深邃，空靈幽夢；神智清明慧洞開——開無塵障。

○養生養行，養德養人；動靜衣食儀行物——物以潤物。

●黑與白交，白難掩黑；香與臭合臭勝香——香難掩臭。

○脫脂酸奶，啤酒酵母；強化細胞功效力——力挽衰老。

●黃泉路上，難論老少；靈骨塔內難數清——清濁陽世。

○人想不死，恆古難求；身欲不朽只有練——練常活動。

●青春固美，確為短暫；生命可貴僅一回——回去不來。

○誣人陷人，給人增福；順境溺人逆全人——人以逆成。

●北宋聯金，遼敗宋亡；聯蒙滅金南宋終——終為元制。

○以夷制夷，終被人制；夷大滅己千古憾——憾必自己。

●呱呱落地，蓋棺入土；人生時數難定論——論看人修。

○自責太甚，必毀於身；醜美幻想易神經——經常反省。

●人想境好，須先性好；身欲命好得心好——好心好報。

○佛度人殺，心不怨惡；耶吊架上祈帝赦——赦罪己贖。

●著迷心竅，糊塗難鳴；千古留恨錯剎那——那堪回憶。

○陳橋兵變，帝昺投厓；江山三百二十年——年為宋朝。

●草木經霜，生意難固；人歷憂患德慧成——成必守得。

○意涵淡遠，抒情典雅；敦厚寬和德仁風——風範人欽。

●奸佞之徒，呼風喚雨；雖赫世顯終淒苦——苦必萬古。

○存人失財，人在可掙；存財失人，財難保──保人不空。

●青山憔悴，紅粉飄零；秦淮風光，嘆今昔──惜情不在。

○弱借澆愁，強藉恃志；千古美酒，在人用──用好養生。

●慾望達到，未必快樂；興趣滿足，心高興──興由人判。

○賢德之士，躬正其行；縱命多桀，僅寂時──時過則崇。

●性有善惡，事分正反；官別清濁，人忠奸──奸為人醜。

○友在飲酒，時會齟齬；性無酒德，切莫歡──歡多喪情。

●昂然千里，駿馬齊奔；隨波逐流，競爭食──食有黑白。

○活的很累，是因神傷；心爽體健，在世神──神無塵煩。

●人生符號，終必抹去；懷抱拯世，心安然──然不求名。

○身臨衰暮，步履艱維；氣猶吐絲，命難長──長逝心淨。

●善明其因，無慮解鈴；心有抑鬱，切勿悶──悶必憋死。

○勇敢認錯，險可化夷；倔強頑辯事弄僵—僵得轉寰。

●身因有形，到時必壞；靈性無影故永生—生前當修。

○佛在靈山，山在心頭；人在靈山山下修—修不外求。

●朝叩晚經，祈求佛度；惟悟我佛在自性—性美淨心。

○佛本慈憫，耶懷博愛；天下為公孫逸仙—仙由人修。

●事無挫折，難謂其大；身經風霜始成熟—熟易為聖。

○屈辱突降，不辯當忍；歲月沖洗見真情—情得淨性。

●辱我罵我，為成全我；捧我褒我寵壞我—我得三省。

○南去朝海，北往拜山；求佛度他往西方—方在自性。

●人怕染垢，淨修遠離；心不畏塵何須避—必難淨意。

○不被擊倒，始是好漢；昂首做人須知改—改心向上。

●工作環境，縱有不滿；心本敬業時久安—安於調適。

○寓莊於諧，樂中見悲；人情百態表無遺──遺恨於喜。

●身懷榮耀，易使忘本；人得讚美常腐心──心本正常。

○道遠迢遙，通逸逕途；源泉浩汗注清溟──溟洗淨淵。

●事想好處，一切皆春；行能本正處必安──安由靜得。

○身繫牢籠，心不怨人；默坐沉思當痛悔──悔不恨愁。

●懷抱天地，忘掉塵俗；陰陽合一生死路──路多絆石。

○芥子渺小，可藏佛國；人心不大想吃天──天堂人欲。

●心本善良，人間富有；窮且固本終翻身──身為財本。

○供佛俅很，依保佑佐；禋神禱福祝禎祥──祥祐被禣。

●世上最樂，莫過心富；身病容華心難歡──歡隨健來。

○八方風雨，豪氣千雲；歷史巨櫞楊惠敏──敏烈萬古。

●可歌可泣，愛國情操；青天白日旗贈雄──雄飄四行。

○愚肖之蔽，在於物慾；智賢之蔽在意見——見解有異。

●七子王粲，詩人張載；形貌至醜受世污——污難得賢。

○聰明幻想，敦厚憨直；糊塗人生少苦情——情鑽牛角。

●透視塵寰，反觀生命；體驗世情心平常——常無激越。

○蘇州河水，波濤洶湧；抗日女童送國旗——旗贈晉元。

●民族聖戰，上海保衛；全國青年齊奮起——起瞧女雄。

○天子一號，敵諜喪膽；傳奇人物劉雲樵——樵功非凡。

●拉回現實，不在幻想；人生路上誰脫塵——塵揚必落。

○運動工作，睡覺休閒；均衡營養延年壽——壽無失調。

●窩囊悶死，痛快笑生；人活世上該選擇——擇無必苦。

○揮去油煙，抖掉俗塵；萱草書畫多提倡——倡拓人生。

●先人而為，後人以息；誨盡其喻約盡嚴——嚴以律己。

○含飴弄孫，承歡膝下；厭行折翼度殘生——生難偕老。

●忘年忘憂，忘謗忘得；體健本足樂晚年——年曰歡度。

○燕雲遺恨，楊家眾將；丹心難訴話岳飛——飛憾終天。

●台港資技，大陸物源；聯合開發中國強——強看團結。

○金鋼威力，菩薩慈悲；文武雙方國柱力——力為圖強。

●千里雲月，功在國家；卸甲老兵永難死——死為人雄。

○相處怨懟，互難諒解；飽受煎熬身心苦——苦難相處。

●天曰昭昭，昭昭天曰；沉冤未伸在身前——前孫立人。

○背景環境，難容當世；名將悲劇孫立人——人忠於國。

●毒蛇螫手，壯士斷腕；非不愛腕難全身——身在不死。

○民族淨化，難謂大同；各族協和共建國——國為民重。

●民富國強，產權私有；自由競爭中華雄——雄立超強。

○中華文化，摧殘殆盡；鄉村文化迅復舊—舊風文雅。

●歐洲聯盟，東亞一體；合同經建共榮圈—圈內繁榮。

○忘機忘行，忘懷忘施；返璞歸真心本慈—慈愛度日。

●閉一扇門，開一扇門；心向陽光巧安排—排開困難。

○蘇聯解體，東西無敵；中華民族當統一—一致為國。

●扭轉乾坤，拯救中華；民望天罡早日降—降為國統。

○藏書滿室，德馨其香；蓄酒在櫃腸肝斷—斷其命短。

●不作鷹犬，王道干城；日經捉協皆富榮—榮無野心。

○慰語尊親，和睦手足；諧音滿室多溫馨—馨難無戾。

●外貌陰柔，心懷險詐；流寇暴君性喜亂—亂為民賊。

○空曠大地，綠野芳香；山林徑幽自然美—美賞心怡。

●政經合作，共建繁榮；單一貨幣在歐洲—洲聯東亞。

○人在少年，重於用情；難於絕情死生許——許命不值。

●愛知情深，醉曉酒濃；有愛知恨是人生——生當看淡。

○充電潤神，當求多種；錄音聽書淨心靈——靈感必發。

●滿腹恩怨，一肚情仇；臨終悟得皆可解——解前上天。

○享受生活，體驗人生；拋開愁煩心品味——味多酸苦。

●江山人物，發揮良知；捨棄慾望展抱負——負解民苦。

○問情何價，難以值論；情到濃時當轉薄——薄不暴狠。

●人世戀愛，難求結果；兩情相悅是春天——天有陰晴。

○面臨危機，表現沉著；遭到壓抑力堅定——定破一切。

●去惡為善，功德難名；丟喜為惡罪難容——容非非人。

○飛鷹走犬，秦樓楚館；遊蕩無度刁頑皮——皮紈難才。

●聆受教誨，醍醐灌頂；痛改前非勤力前——前程飽學。

○開封鐵塔，原是木造；層高十三插雲霄——霄漢景絕。

●腳踏實地，一棒條痕；穩扎穩打必成功——功得計劃。

○塵世煙雲，滿懷愁煩；盡付一笑皆了空——空涵包容。

●前世修德，情得緣識；百年結心共枕眠——眠不異夢。

○獨具慧眼，拔擢英才；為國選才無親疏——疏遠反非。

●人有大德，位祿名壽；得享世崇人傳頌——頌其惠澤。

○蹉跎歲月，企望有得；年復一年到時空——空復燃起。

●大肚能容，天地人己；何所不容塵世情——情懷萬般。

○中國物博，文化深宏；多譯文學外人識——識得諾獎。

●罔顧道德，泯滅人性；為了目的要手段——段捨不毀。

○殘酷文革，傳統摧毀；優美文化待復承——承先啟後。

●財多滿心，苦可鍊心；未不明貧知富美——美得以醜。

○為固權柄，消滅伙伴；親密戰友皆鬥死——死假妖手。

●荊棘叢中，暗埋鮮花；光明降臨會冒出——出來自由。

○個性膽識，應變機警；權衡利害果斷處——處宜高明。

●台島通車，拓涵艱險；環週鐵路慶完成——成必繁榮。

○文革始俑，非得妖婆；憐惜華夏受茶凌——凌為妖怪。

●風狂瘋魔，把人當神；哀鴻遍野獨拜主——主難醫餓。

○資治通鑑，興衰借鏡；熟讀歷史明成敗——敗必復起。

●願共患難，鄙享安樂；田興暗佑元璋業——業建明季。

○清新和氣，團結和諧；約法三章共勉勵——勵為新任。

●歲月苦難，是非哀愁；一縷清煙皆化無——無限霞光。

○心定下來，甩掉塵煙；享點人生幸福夢——夢幻難久。

●貧不足羞，羞其無志；賤豈是惡惡無能——能以轉貴。

○人老智明，勝於年少；心能常新永不衰——衰非人體。

●風來寒夜，勁草豈懼；滿山木落無蒼松——松挺天地。

○物以錢賣，無錢不賣；錢以買物無錢難——難做生意。

●自作聰明，狂傲驕大；人難與事失常機——機由謙得。

○老奸巨滑，老謀深算；成府太深皆非宜——宜用情義。

●人猶燭光，曰耗則少；生不服老效馬黃——黃昏霞明。

○仰觀宇宙，俯察品類；遊目騁懷皆悅心——心本悲憫。

●睡眠休息，時間喪失；取得明天工作力——力無難力。

○將欲取之，必爭予之；地欲得之當先失——失不擴大。

●心炬高燃，勿自吹熄；縱遇困頓豈奪志——志不挫餒。

○生前愛人，死後為神；立德於世萬代崇——崇看格品。

●察覺人僞，不動聲色；處置得當反得情——情獲以真。

○慷慨詠嘯，縱遊山林；託跡原野泉溪澗──澗嵐吟歌。

●落伍廢人，絕不自承；九十人生尚彩霞──霞滿夕陽。

○國有國魂，人有人格；人失格辱喪魂亡──亡難立世。

●化人阻力，為己助力；撥開絆石無礙行──行不喪格。

○不避污穢，日夜奉藥；人守侍親始稱孝──孝感人天。

●雅人高士，流邑餘韻；時代詩歌表現異──異為當代。

○世如棋局，假假亦真；真金未火點石金──金何必真。

●滿心期待，無限懂憬；世上有情皆眷屬──屬於倆人。

○志於道德，心難得失；求於功名利害重──重當守德。

●事可以忍，何以不忍；縱難以忍退步想──想非用武。

○人無煩惱，衣食無缺；心無牽掛快活林──林泉遨遊。

●民主鬥士，自由先聲；沙卡洛夫方勵之──之人可嘉。

○客觀公正，超然光明；身處事境本無私——私難得眾。

●傷人十指，不若斷一；潰敵十師先殲一——一亡痛九。

○選擇光明，遠離黑暗；天賦智慧在判斷——斷有正誤。

●生活環境，下比快樂；文化品質上較優——優當力前。

○改頭換面，開放自由；戈巴契夫千古雄——雄常悲劇。

●拔地空起，直指蒼天；受降紀念坊芷江——江水長流。

○人性健忘，古今皆然；史多重演因健忘——忘難為人。

●日本維新，軍力擴張；光緒五年強佔琉——琉屬中國。

○心懷慈悲，天下皆美；意念邪惡世均醜——醜人自醜。

●焚膏繼晷，日以繼夜；從事工作必有成——成因專心。

○情有所託，心有所寄；單想雙慕皆所宜——宜其人物。

●殘年憶昔，倍感無奈；榮枯品味歎復何——何須掛懷。

○江湖茫茫，異鄉作客；望極天涯不見家——家本四海。

●人在萬里，落日天涯；波浪起伏塵世情——情牽難雄。

○人非自責，無以知進；事不受挫難想苦——苦當明樂。

●丘八詩章，將軍基督；當年反覆黑海亡——亡難識馮。

○欲行遠路，先要休息；想登山鋒自腳起——起步須穩。

●蠶繭自縛，絲盡則死；繭內生蛹破繭蛾——蛾復成繭。

○寒夜孤燈，細綴心情；踏過江湖路八千——千里塵煙。

●平莫低昂，上呼猛強；去分哀遠入短急——急收藏聲。

○廬溝月情，銀河雙星；猶照英雄血色鮮——鮮為人慕。

●悲歡離合，賢愚忠佞；舞台起落看世情——情殊人異。

○山海嘉峪，雄關東西；萬里長城壯山河——河山美麗。

●江山人才，代有賢出；世望新人勝舊人——人人為國。

○淨化心靈，捨棄物慾；貪求無厭心必苦——苦欲金得。

●腳踏塵世，肩擔千愁；不為貧羞難志屈——屈拼向前。

○是一條命，就該珍惜；是個活人就應動——動了活久。

●看人勝己，宜思直追；看人享福心不羨——羨人自苦。

○友情猶酒，初嚐味淡；經陳再飲復返童——童年敘故。

●知福惜福，造福享福；福在人間多不明——明當知享。

○拼得江山，忘掉性命；塵世名利難掙完——完先惜身。

●揮揮衣袖，未帶片雲；赤裸來世光身走——走了無憾。

○自能寬慰，先予人樂；分享給人享人樂——樂人以樂。

●打落牙齒，和血吞肚；賢豪落泊思奮起——起志不屈。

○理性和平，對等互惠；固守原則互尊重——重人自重。

●天地本大，父母為尊；忠孝當先是人情——情貫中西。

○一肩明月，兩袖清風；滿室藏書身無物──物多反累。

●求才用才，信才敬才；宥才培才始為才──才當國用。

○心如明月，寧靜淡泊；高風亮節無怨尤──尤其無慾。

●大空倉內，五十餘億；地球人口知環保──保由自起。

○交流合作，協商民主；自由均富共達成──成以國強。

●賞書讀書，購書贈書；人生在世多看書──書缺無味。

○朝代常變，道理難移；不近人情事莫為──為難心安。

●了解全局，掌握重點；綱舉目張善運用──用能自如。

○福氣固得，福來有氣；氣福常聯相因生──生與俱來。

●虛心常得，低頭漢子；傲骨難獲仰面人──人謙得人。

○符掃天下，無道邪鬼；法斬世上不正神──神格無私。

●中國猶獅，睡久必醒；震驚世界撼人類──類非凡國。

○付出愛心，償無必樂；犧牲自己成全人—人當反思。

●人具信心，易於勝利；心無私慾可神仙—仙為修得。

○腰膝酸痛，腳手發軟；缺乏運動維生素—素多少葷。

●文分好壞，難別故新；才論深淺無古今—今通中外。

○爾可不情，但我有義；塵世仇怨始拉平—平則無恨。

●資姓弟兄，德輕於財；社家哥們物重人—人德皆守。

○邪惡帝國，歷史陳跡；黃河九曲終東流—流向自由。

●學本求財，名求以德；愛子移親神敬人—人心本慈。

○喜近自然，生性恬淡；回歸紅塵肩責任—任重心淨。

●上就於下，其下向心；下就於上眾意異—異位看情。

○昔帝陵闕，今皆荒塚；世間歲月半夕陽—陽關古道。

●市味太重，銅臭過濃；難得多養書卷氣—氣味芬芳。

○狗是人友，為飽口饞；不惜捨友供人食——食必殘忍。

●親情友情，不使留痕；金錢財貨失可得——得失勿貪。

○項羽量狹，亞父氣亡；劉邦器宏得江山——山河為雄。

●害人誣人，人恆誣害；助人濟人多獲報——報得施善。

○花香酒香，餚香飯香；百香惟有書香美——美當多賞。

●起會聚會，宴會開會；今分主客看人演——演完下台。

○幼猶白紙，長大性異；少不勤苦老難成——成因教誨。

●時代吞噬，恩怨情仇；歷盡苦難悲傷淚——淚灑大地。

○鄧羌驍悍，王猛能馭；龐孫李韓失國才——才因用得。

●蒼松翠柏，得窺顏色；秋水春山見性情——情本中庸。

○座攬清溪，山明萬月；胸涵和氣四時春——春風滿懷。

●驕矜自負，不悟人智；事業成敗操在己——己得人助。

○自不願做，勿施人為；受人恩惠當思報──報不非人。

●學如行舟，不進則退；路平縱馬放難收──收先勒心。

○世上善家，無非積德；天下好事維讀書──書通古今。

●四野平疇，千峰插天；桂林山水甲天下──下至陽朔。

○事不做絕，絕必有遺；人不諒人多反害──害人報己。

●項羽鬥勇，徒雄必敗；劉邦決智示弱勝──勝得人策。

○疆場之上，逞勇鬥狠；決勝千里在帷幄──幄內籌謀。

●喜有兩眼，多交益友；恨無餘暇讀好書──書明心廣。

○山峰突起，玉筍排空；蒼翠千重譎詭狀──狀難測邃。

●八不稀奇，九多來西；百歲笑咪七小第──六十搖籃。

○儒家道統，做人規範；二十年來皆尊孔──孔子千秋。

●遠寺鍾聲，催鳥投林；夕陽林樹滿秋山──山清月明。

○凍合千峰，雲霧難起；銀濤光湧萬山頭──頭近星月。

●萬竹引春，風來送爽；畫室抱書眠不起──起來增彩。

○江山好鳥，春風美滿；松下清琴夜月香──香飄十里。

●軟硬兼施，紅黑齊來；無殼蝸牛痛心感──感屋難買。

○山東曲阜，孔子故居；歷代碑林算國寶──寶傳永世。

●梅花消息，驚動人寰；漸近新春換舊年──年關添慶。

○閒隱深山，莫問塵俗；雲起封門日已斜──斜陽空照。

●松吟獨釣，峰顛清潭；滿眼青山伴我閒──閒中神仙。

○蓮性潔淨，泥污不染；香遠溢清君子風──風範常存。

●昔日逆友，今日仇敵；為了利害分揚鑣──鑣槍不飛。

○遭遇慘痛，當宜警悟；心若麻木難世人──人情不情。

●迷於當局，圈外心明；信於權勢中難破──破得叡智。

○冷潑腦清，徵卓少錯；設想困難事始工——工先預謀。

●長壽固美，無扶難度；家中有老看裔賢——賢得孫賢。

○自有人類，上智下愚；豪傑走卒充其間——間有自用。

●力耕手耕，筆耕藝耕；世上無耕人難生——生有門徑。

○一句慰語，千種情懷；主動釋嫌恨必解——解不再結。

●橫蠻野性，兇狠吼叫；音亮壓人難嚇人——人本理先。

○愛好佛語，心富慈悲；宗教信仰無惡人——人本性善。

●酸酸淡淡，飲食簡單；起居有時常運動——動必長年。

○人不看淡，生必苦煩；性有急燥命常短——短不緩處。

●塵世人間，萬事消盡；唯有清香似舊時——時空無情。

○風晨雨夕，雪枝月影；眼中竹形胸中畫——畫出神韻。

●才華塵封，賢豪遺恨；世間多少雄豪淚——淚非聖傑。

○鳥因出籠，腳繩難脫；人既歸來心在外——外有天地。

●胃食八成，頭腦半空；斗室少停常登山——山中神仙。

○樂隨凡夫，空證菩提；正心無惡免歧途——途止至善。

●若是閒人，則可閒得；閒人豈是等閒人——人閒心難。

○暖清爽寒，風味有異；春夏秋冬人敬畏——畏其污染。

●選擇定前，得用智慧；工作始後看毅力——力拼完美。

○素菜淡食，清心寡慾；酒肉肥腸丟長命——命短貪膩。

●樂上生空，空上生樂；寧可上樂豈不空——空無不佛。

○看人挑擔，像不吃力；自己承挑擔不輕——輕看人為。

●留學打工，值得體驗；花錢當惜賺錢難——難不自來。

○塵海人世，生死循環；天空浩渺神仙居——居察塵寰。

●興廢之數，治亂之運；皆稟於道懸於天——天懷人脈。

○自然規律，新舊變換；循環交替生不息——息了毀滅。

●錢買人格，必無品德；立場公正心得安——安受眾崇。

○人老固死，非經病苦；坐化自然心衰亡——亡去無痛。

●瓜片毛峰，猴魁綠雪；劍毫翠蘭皖名茶——茶產淮南。

○健友伴本，老缺難福；老師雙親有多幸——幸運得年。

●烹茶品茗，文人雅趣；山水幽景得細賞——賞神怡心。

○犧牲別人，照亮自己；縱得美樂必痛苦——苦心難安。

●東向而望，不見西牆；稍知皮毛下斷語——語難正確。

○去無掛礙，一身灑脫；魂靈出竅上雲霄——霄天無極。

●三峽雄偉，秀麗萬狀；巖壑幽深勢懾人——人慕往賞。

○巫山諸峰，隱在碧虛；遮雲掩巒朦朧美——美難筆容。

●辯不如訥，語不如默；動不如靜閒不忙——忙人難閒。

○忘掉自己，中國血統；有負五族炎黃裔——裔不叛國。

●人去忘掉，塵世俗情；心無俗念化為空——空美入霄。

○天久不雨，地裂苦旱；北水南引澇旱無——無智難能。

●波菜甜薯，南瓜木瓜；蔬菜水果胡蘿蔔——汁抑癌疾。

○互相摧殘，莫道報復；彼此提攜心本愛——愛人以德。

●海濱茅屋，山腰結廬；鄉間城市味有異——異看心境。

○無知衝動，自私愚昧；江湖恩怨是非明——明了悔隱。

●七情六慾，愛恨情仇；心懷不平空執念——念有難天。

○香菇山楂，各為四兩；一斤芹菜黑木耳——五錢合汁。

●中外古今，業成途徑；理論公式無軌跡——跡依肯定。

○天涯海角，萬里遊蹤；心寄雲天無牽掛——掛難離塵。

●聯合次要，打擊主要；拉攏中間敵友情——情別公私。

○暗通款曲，藉故絕情；互利相合因害分—分別損益。

●人肯助人，人樂助您；行若為私眾必棄—棄無前程。

○悲劇傷口，治癒磨平；夢醒無痕歲月消—消久則無。

●呼朋引類，愛湊熱鬧；助長相爭皆無益—益反受損。

○塵世澆薄，疾風勁草；霸氣悲壯作砥柱—柱有不摧。

●近聞水聲，遠聽蟬鳴；樹影婆娑翠迷人—人心清悅。

○地方選舉，派引情緒；反彈反反彈再反—反彈降溫。

●人亡政息，玩法弄權；假公濟私皆非正—正以法治。

○人耐寂寞，智慧喜悅；平靜思考問題解—解除心結。

●桑榆何晚，霞尚滿天；奮發有為仍可為—為不怕老。

○道貌岸然，莊重自持；昔人盡生皆呆板—板古泥死。

●晚年絕塵，徜徉山水；悠閒適性任意為—為享人生。

○死亡邊沿，玩火人生；行進途中皆陷阱——陷人難德。

●看書吟棋，品茗聊天；登山旅遊環宇玩——玩味人生。

○雙親坟前，溝灣圍繞；正當子午蜈蟑鬥——鬥為佳域。

●二次大戰，日本戰敗；五十年後債權國——國以商雄。

○吟風弄月，蒔花芸草；把酒品茗文雅行——行宜有德。

●亂世生涯，巔沛流離；硝煙烽火難苟活——活看人運。

○心無物慾，乾坤平靜；坐擁書海則是仙——仙得以禪。

●風霜滿面，髮落齒缺；異鄉遊子念親情——情怯看錢。

○始雖垂翅，終能奮翼；縱先挫敗後得勝——勝因不餒。

●大戰結果，美勝軸心；世界債務難負荷——荷肩須卸。

○惡念不去，惡行必來；誤人害己禍蒼生——生眾蒙羞。

●儒家思想，肯定人生；安於現實積健雄——雄治家國。

○在家外出，各有心境；行止定奪須本得──得勿浪費。

●認識孤獨，始體存在；臨將死亡知孤獨──獨去靈超。

○世上英豪，睿智賢哲；超越時空思想家──家國瑰寶。

●送佇江濱，孤帆遠影；離容憔悽暗垂淚──淚踏征途。

○出外回家，工作匆忙；三角地帶度人生──生活品味。

●佛家觀念，與儒相反；出世現世即身佛──佛得頓悟。

○外境阻撓，忍受不屈；超越世俗淨心靈──靈當念淨。

●芸芸眾生，癡頑愚昧；感無所適福禍卜──卜得好壞。

○晨觀浮霧，暮聽夜鍾；秉情睹物無聊人──人懷千古。

●遠征歸來，快馬揚塵；舊友聚首舒情懷──懷因念故。

○樹要枯凋，革故鼎新；種子落地復長芽──芽出汰舊。

●頭腦冷靜，胸襟開闊；溫暖愛心人本慈──慈悲為懷。

○世事滄桑，心當堅強；人間冷暖情愈貴──貴無人賤。

●寧近勿遠，寧下勿高；寧淺勿深小勿大──大未必當。

○待人接物，心有分寸；外存渾厚心本誠──誠無必偽。

●昔有瑤祠，危害一方；加爵晉祿轉保安──安鬼寧人。

○樹本是無，枯萎凋零；成住懷空歸寂滅──滅影無蹤。

●穀麥豆類，蔬菜水果；素不太鹹少癌疾──疾生肉烤。

○不鄙小事，大事易成；好高騖遠常落空──空想必幻。

●海角天涯，能安則家；隨遇心定室生樂──樂無常憂。

○用力供腦，皆是工作；兩者兼用則是能──能得為才。

●蜜月過後，分道揚鑣；能分能合化敵友──友誼常存。

○工作環境，影響健康；職業病發危生命──命須自保。

●理性和平，對等互惠；坦誠合作須共識──識同統一。

○台灣大陸，大灣陸台；陸台國土不可分——分裂必危。

●台灣經驗，政治民主；經濟自由人民富——富要均富。

○台灣金融，冠於全球；經建人才第一流——流外回歸。

●春秋日月，莫使遠揚；窮難風雨故人來——來談舊情。

○兩岸交流，對口會談；統一階段近中遠——遠近必合。

●早非當年，吳下阿蒙；生機活力在台灣——灣中雄風。

○政治經濟，形無差距；和平自願分強難——難人難統。

●統一時限，不急不緩；兩岸拉平自然合——合於民願。

○革新安定，繁榮惜福；台灣明天目標先——先要固守。

●祭天祀地，列祖列宗；心秉虔誠拜祖先——先不忘祖。

○自認聰明，定是愚蠢；望人捧善必難赦——赦罪非人。

●饑以求飽，飽後思淫；妻妾滿堂企富貴——貴賤反覆。

○情仇恩怨，離亂災禍；歲同磨洗皆歸無──無限江山。

●交誼於篤，話不留餘；暢言於恆情我濃──濃相協事。

○隱憂難露，外人莫測；內心痛苦終必疾──疾無傾吐。

●捏造織誣，迫導自首；千古冤情郭廷亮──亮墜車亡。

○非常福來，禍隨後跟；互為倚扶別倖災──災為福前。

●栽培心田，涵養性情；身安茅屋知足樂──樂寬天地。

○別人氣您，萬不可氣；若自嘔氣必中計──計不還人。

●御有懣懟，屬何敢語；為御怨發難激勵──勵氣可戰。

○黑白兩道，無不本道；角頭地蛇為誰忙──忙難結局。

●治能攻心，反側皆清；從古知兵非好戰──戰前謀勝。

○昧審情勢，寬嚴皆誤；御能治眾須威誠──誠信賞罰。

●放牛吃草，勿須人管；太陽下山牛回槽──槽中有料。

○天馬行空，自由來去；不求聞達人世福——福知酸苦。

●活的痛苦，未死難堪；世人公敵愛滋病——病無遠離。

○國防重鎮，邊陲為先；徐郭閃電定蒙疆——疆色未變。

●暖清爽寒，風名固異；春夏秋冬皆宜人——人畏颱風。

○室大心窄，縱大難寬；房小心闊小必廣——廣大情懷。

●自然界中，幽靈充塞；福禍神祇在人間——間有正邪。

○接觸感染，後天免疫；人類浩劫愛滋病——病發遺羞。

●心懷怒氣，罪出原因；塵世人間不悶鬱——鬱無難疾。

○一激之怒，災於水火；三寸之舌芒於劍——劍鈍於舌。

●愛被遺棄，感傷孤寒；心懷慈悲永不寂——寂因無仁。

○身不依賴，心懷獨立；人類親友看遺多——多傷必損。

●自古名樓，多皆仙造；未有不神難奇久——久為人慕。

○世界文明，源自中國；重拾尊嚴站起來——來當無私。

●路有起終，中分坦坎；陪走人生最後程——程依親友。

○夕陽憐霞，人愛晚晴；園址南洋新加坡——坡住孫文。

●行事謹慎，處斷明決；船過無痕水浪平——平淡處為。

○三昌古樓，史負勝名；江南兩湖滕黃岳——岳陽武昌。

●掃心上地，坐性中天；靜以養生保命丹——丹由淨煉。

○以情理法，處治人事；鄙權利名養長生——生以德配。

●濟南慘案，殘殺萬七；民族烈士蔡公時——時民十七。

○德宥人短，楊善人長；人縱微疵不忤傷——傷無友感。

●嘴饞眼饞，心饞腦饞；人若無饞天下平——平難進步。

○愛揭人短，其心不德；喜揚人長人必善——善以養壽。

●自古文人，敬才鄙爵；賢豪義士傳千秋——秋月長天。

○旭日朝陽，日正當中；落日夕陽日月明——明有虧盈。

●美麗句點，人皆想譜；悲劇收場世上多——多應積善。

○少看水滸，易戒於鬥；老閱三國不智貪——貪難稱雄。

●透過自己，體驗寂寞；觀察別人知孤獨——獨享人生。

○一言九鼎，多言討厭；虛論鄙簿輕取傷——傷人人侮。

●中原逐鹿，豪傑蜂起；避亂南洋多智富——富當平亂。

○潮起潮退，日升日落；悲歡離合總無情——情過難痕。

●人生有涯，名利難完；超然物外苦難生——生知惜樂。

○蠶食鯨吞，國亡無日；日寇野心記猶新——新當國強。

●平等團結，進步繁榮；五十六族聯運會——會友競技。

○旌歌熟舞，通霄達旦；春城無處不飛花——花看台北。

●風骨稜稜，瞻顧高遠；天下興亡為己任——任重道遠。

○塵世煙雲，紛爭繁雜；人間煙火誰能斷—斷必難生。

●英烈千秋，永世長存；抗日名將張自忠—忠愛國家。

○邪神正神，世人難辨；魔道歪道先天道—道本天心。

●愛心真誠，敢做敢為；在人背後多說好—好懷感激。

○雅致清靜，淨涼氣息；青茶有味菜根香—香風撲鼻。

●志節堅貞，用世情切；力挽狂瀾拯危局—局由自導。

○一本正氣，不為邪屈；懷抱愚忠拯塵寰—寰宇皆淨。

●不可鬥氣，但要爭氣；不要使氣有志氣—氣發為雄。

○遠離市塵，閒蕩礦野；長嘯呼唱狂奔舞—舞盡鬱氣。

●脊骨僵硬，腿膝失靈；人生將老快運動—動慢必病。

○讀書學智，固然重要；忽視健康有何用—用得鍛練。

●祿山陷京，伶工罵賊；愧煞爵高喊忠人—人君賢昌。

○忠臣烈士，為人傳頌；昏君無德受民棄—棄暴選賢。

●縱擁百萬，奢浪易空；錢以養德老無苦—苦因不儉。

○儒道傳承，聖賢靈跡；佛主勸人出入世—世人皆喜。

●膽量宜小，小不妄為；氣心要平不執拗—拗易處偏。

○兩袖清風，為吏廉崇；官不污貪受良敬—敬因為民。

●胸筋狹窄，目光如鼠；憤怒氣急眼如炬—炬火逼人。

○帝王將相，文武百官；黎民庶子販夫卒—卒為前鋒。

●神仙不管，塵間俗事；一任世人自喜憂—憂苦自尋。

○心眼要亮，亮不吃虧；口嘴宜謹不惹禍—禍多自招。

●慧裡聰明，長宜奮起；靜中滋味有甜腴—腴裏乾坤。

○蒼松翠柏，窺以顏色；秋水春山見性情—情怡神悅。

●西山日薄，豈畏孤寂；長對青山乾坤遊—遊必勤動。

○螞蟻搬物，合力同工；烏鴉反哺知報親——親恩難償。

●婚姻怪誕，取妻亡魂；鑼鼓喧天迎靈牌——牌放正堂。

○名揚四海，譽滿全球；茅蓬生輝啃饅頭——頭角崢嶸。

●得了冠軍，痛感傷情；失掉頭銜暗悲泣——泣因無助。

○座攬清輝，萬川明月；胸涵和風四時春——春風得意。

●幾度唏噓，嘆世難人；縱身躍湖王國維——維念前朝。

○都市街頭，喪喜齊發；此街恭喜彼街哭——哭有人代。

●保守自私，天賦人性；傳統科學應齊發——發於國強。

○包羞含辱，勇敢站起；忍氣吞聲心不屈——屈非無志。

●生活甜淡，只求安靜；不忮不求無怨尤——尤不恨天。

○忘我禪機，光照性命；心境透明天澄淨——淨似真如。

●女惹男愛，嫻慧講理；男逗女喜須鍾情——情等貴賤。

○進過牢房，并不為恥；恥不能改永遠羞——羞難見祖。

●人類進步，在於奉獻；危害社會眾不恥——恥知可人。

○為官積德，不積子殃；做人積陰得神庇——庇裔榮顯。

●孤單寂寞，空虛無助；渴望親友愛情來——來先慰人。

○洗髓功法，法碼吊胯；前擺吸氣後擺呼——百五月效。

●塵世凡俗，事多煩惱；憂愁扭轉談笑丟——丟掉放下。

○人無錯誤，難成聖賢；事有失敗易成功——功得痛改。

●生來貧窮，何怨於天；奮鬥勤儉必致富——富奢復窮。

○犯傷父母，逆親負恩；罪孽深重不孝名——名難人聞。

●生活單調，呆板枯燥；內外壓力難透氣——氣無心雄。

○熱愛生命，珍惜生命；生命來世僅一次——次無再有。

●隱居深山，煙雲供養；遠去塵外在世人——人心淨靈。

○信誓不渝，石爛海枯；環境逼人各西東——東看光明。
●醃魚蝦醬，吃逗腐乳；致鼻煙癌蔬果消——加紅蘿蔔。
○人未知生，尤難明死；生死路上是人生——生死循環。
●生既無知，死何能曉；生死循環難判明——明必自明。
○理財觀念，自幼培養；量入為出須有餘——餘必不窮。
●情待追憶，何須苦戀；惘然心情但不悔——悔因境異。
○歲月悠悠，故舊凋零；太上無情嘆何用——用不留戀。
●頻目展懷，書皆聖言；幽然怡神惟先人——人品照今。
○生人以來，死億千八；含笑告別無幾人——人想苟活。
●生來獨哭，死去眾嚎；孰能解下生死愁——愁無看開。
○塵世親情，臨去忘掉；黃泉路上難帶走——走難靈淨。
●國共戰爭，勢力消長；明暗較量降將多——多因謀策。

○人子孝親，家國必強；不親其親難做人——人為家本。

●服從於表，未必忠心；報效無志難為人——人敗家亡。

○國有北伐，成於利害；國共內戰敗於氣——氣變節無。

●生得無愁，活得痛快；看得清淡死得樂——樂去心喜。

○兒女情長，名利纏身；臨終難安死不目——目閉笑捨。

●路踏天涯，孤鴻難歸；遊子天涯念親情——情繫鄉梓。

○變節降敵，屈志承辱；忠貞無二做叛徒——徒非股肱。

●官渡肥水，興衰偏安；遼瀋徐蚌定成敗——敗於內賊。

○茫茫人海，斗室枯坐；天地遼闊心閉鎖——鎖開無愁。

●口喊萬歲，心懷叛逆；表面服從背倒戈——戈向自人。

○戰守襄樊，陣陷降敵；股肱無恥數康澤——澤叛罵主。

●筋骨扭傷，冰水先冰；二十四時再熱敷——敷血活絡。

○叛將內奸，充塞國府；江南百萬不戰潰——潰兵氣亡。

●稱霸逞雄，永無狂人；為國救民論自由——由人發揮。

○資治通鑑，史評興亡；以古為鏡看今情——情斷以理。

●屍臭盈野，硝煙嗆鼻；四平長春淮海戰——戰死萬千。

○書讀通了，文用自如；記下千古人世情——情傳萬代。

●以明對暗，暗必致勝；國共爭戰內潛敵——敵善攻心。

○中華強盛，不再爭權；世界爭雄重科技——技精超前。

●書讀懷疑，其人聰明；看法相反該提出——出必立新。

○放過機會，終必遺憾；事不明斷有後悔——悔前果決。

●人上戰場，無疑牛勁；拼命上前退無生——生去海島。

○無頭蒼蠅，釜底游魚；睡走魂遊茫盲流——流往蓬萊。

●殺聲震天，硝煙蔽天；戰場狂嚎鬼神驚——驚天動地。

○陣戰雙方，難謂人道；求勝手段皆出籠——籠囚敵將。

●兩次大戰，人茫盲流；世界無爭民安樂——樂避亂生。

○中國災難，內亂外患；無故人民遭荼毒——毒害萬千。

●脊椎大樑，搖圓身軸；探頭搖尾龍遊功——功得人壯。

○海枯石爛，同林鳥兒；大難臨頭各自飛——飛向台灣。

●東北西南，萬里江山；長白崑崙皆踏遍——遍來東瀛。

○遠託異域，離久感悲；望風懷想人依依——依戀故鄉。

●落寞孤傲，前塵枉憶；冷暖世情心感懷——懷應剛強。

○海南台灣，中國版土；誰想分裂絕不容——容必統合。

●嚐嚼茶葉，可去口臭；乾西瓜皮熬汁漱——口腔潰治。

○黃蓮粉敷，蛀齒止痛；口嚼楊枝牙齒潔——潔法常刷。

●看山玩水，諦聽鳥語；野靜萬籟潤心靈——靈淨超凡。

○喜怒哀樂，是非喜惡；正邪智愚人類俱——俱必以明。

●中不知外，謂為盲瞎；外不知中稱失心——心中美德。

○內心火熱，頭腦冷靜；做必有成事必功——功得以專。

●太空銀河，非只一個；人類地球僅有一——一以鎖萬。

○人無貴賤，尊嚴則平；貧不媚諂富免驕——驕貧人鄙。

●一山一石，一草一木；敞開胸懷去賞玩——玩具慧眼。

○此心晏然，今生晏然；人人晏然國晏然——然必超然。

●重視科技，研究發明；打破迷信無神靈——靈潔心淨。

○天外有天，人外有人；莫以坐井小寰宇——宇宙無限。

●兒女情長，名利纏身；臨去難安死不目——目當含笑。

○疆場對決，血肉橫飛；避免流離無枝棲——棲要止亂。

●活得健康，死得安靜；過得愉快先心樂——樂天奮鬥。

○面對羞辱，表情冷靜；內在剛強非懦弱——弱以致強。

●三餐飽飯，忘了瘡痛；饑餓得食感恩情——情懷報償。

○軍事政治，經濟外交；孫子兵法堪借鏡——鏡明必勝。

●世有煩惱，因無則生；人本和諧得失爭——爭難帶走。

○不摒猜疑，永難快樂；不求上進絕難成——成在個人。

●縱被擊敗，不可倒下；勇敢站起向前衝——衝向成功。

○淡入茶煙，新月初上；濃交棋局緣蔭多——多潤心法。

●素多於葷，偏難均衡；身體強壯看營養——養於勤動。

○天地固大，爭奪則小；情本溫暖因利冷——冷熱看用。

●事有成就，心本感激；做人誠實敗必起——起因眾扶。

○莊子訪友，令童殺雁；有鳴不鳴殺那隻——主示不鳴。

●物在人手，緊握怕失；有人得物旋放掉——揮抓別物。

○當言則言，少言為妙；無常動怒愛人鄙——鄙難受敬。

●大談利害，實難利害；不言表裏為表裏——裏明不明。

○體弱多族，活老艱辛；身負惡名壽則辱——辱前悔為。

●人尊人高，人鄙人低；人受褒貶秉公正——正不伐私。

○山中大樹，野無匠顧；因材廢置倒享年——年得不賞。

●天地萬物，身難再得；人生百年幸其間——間中喜愁。

○萬軍能將，御威以德；馳騁疆場兵法明——明敢果斷。

●陽光一樣，心情不一；產於同爐結論非——非看造化。

○功業勳隆，文人爭頌；時代渣漬筆誅伐——伐其無德。

●言守分寸，出言必正；行事分際處明斷——斷必有果。

○恩愛夫妻，偕老難期；吵吵嚷嚷反白頭——頭天情結。

●自知知人，處人用人；處事料事看成事——事關公私。

○陌生結緣，心語投情；紅塵關愛度晚霞——霞滿黃昏。

●業起何處，不關重要；讀書識卓大局明——明斷取捨。

○兒女學業，當力督責；出人頭地看父母——因關成敗。

●文章欣逢，今時民盛；謙讓能生大地春——春天人喜。

○役夫資政，產自北洋；受降名將徐永昌——昌少言怒。

●齋東野語，荒誕無稽；關西陵墓皆留痕——痕多入冊。

○末代帝王，下場皆慘；創業雄主必英明——明達處斷。

●時間投入，苦讀勤奮；學業優異非天資——資質在人。

○學在性命，業看忠厚；立德立功立言行——行智仁勇。

●人似閒雲，偏愛出岫；事猶春夢竟留痕——痕生難忘。

○福慧雙修，須及物類；利名俱來宜留餘——餘無必損。

●得意當為，天下雨露；失意須學古人風——風度不損。

○楊柳半池，春載美酒；薔薇一硯，雨催詩——詩心吟唱。

●寡過酒從，崇敬起步；修身端自慎思來——來了當明。

○不憶風霜，嗟往事痕；但從揮灑樂餘年——年月無情。

●篤信卜卦，人無出息；志能勝天不信邪——邪迷無為。

○萬里江山，來現眼前；四時飛月助吟情——情發內心。

●事無深思，常有悔恨；人除貪慾可去憂——憂生無厭。

○好書悟得，三更明月；良友來時四座春——春露潤心。

●恢宏雅量，涵容高遠；領略清言見古人——人宜納福。

○平時無事，愛談心命；臨危求死徒報國——國難得人。

●用情理法，可做大事；留權利名得長生——生必快樂。

○黃炎子孫，永遠和諧；中華民族團結生——生皆平等。

●清泉勇猛，沙場斷魂；英烈千秋數自忠——忠愛國家。

○車開起點，必到終站；人有初生難無死──死生物理。

●德曰之強，模仿研究；美英之富精科學──學無戰爭。

○舟車發達，天地變小；一日環遊地球村──村鄰相接。

●儉口默言，位高必等；自居權傾易受忌──忌發無德。

○禍國殃民，狼子野心；侵權奪官卑陰狼──狼難仁德。

●雞蛋無縫，蒼蠅難抱；烏雀驚飛必風動──動因塵揚。

○霸氣縱橫，鋒芒人忌；陽明難抗陰柔性──性決成敗。

●怯於私鬥，勇於公戰；禦侮國強看科技──技超人前。

○治國之難，賢非自賢；治兵之難在眾和──眾在統御。

●碧山過雨，晴逾美好；綠樹無風晚自涼──涼因塵淨。

○身事無功，人事難巧；酒囊餘地無常囊──囊少實學。

●紅塵萬丈，青山不染；曾無一點到茅廬──廬在雲間。

○金礦銀礦，地下寶藏；萬礦難化人腦礦——礦開上天。

●斗室雖小，悅目則可；房縱不大住心安——安於環境。

○改絃易轍，迎頭趕上；固步自封永難好——好應超前。

●承命立教，固守傳統；迷信古人無科學——學必先進。

○才學無實，必為名誤；欲建事功多飽學——學以致用。

●來去湛然，心若晶丸；光明透滿出人天——天上神仙。

○斗室風雲，起於不安；屋外藍天無心賞——賞當靜心。

●歐美文明，科技發達；中國傳統多守保——守難進步。

○迷信太深，阻礙進步；中國先賢多保守——守難改革。

●先聖傳言，皆係古話；身處現代究不迷——迷難向前。

○有奶是娘，無錢難爸；損志益過財多寡——寡人養福。

●部落民族，永難進步；各本信仰拜神明——明白已晚。

○言以立身，執著不必；究學可以何須迷──迷了難挽。

●好花四時，明月千秋；遠山含笑書半床──床上古今。

○心斗室中，心無旁務；在紅塵裏做雅人──人學先賢。

●老俗不雅，俗不可耐；雅而不俗非塵人──人宜雅俗。

○塵海奔勞，干戈不存；餘生願作清閒人──人當修福。

●儒釋道神，捆住思想；保守傳統不敢越──越了眾忌。

○煮字療飢，文章無價；巷頭攤販勝一般──般用勞力。

●俗事勞形，俗操摻心；身落紅塵難聖賢──賢難不食。

○紅塵中人，難脫俗務；風霜雪裏看老人──人臉皺紊。

●學得專技，貢獻國人；身有專藝須傳授──授予眾享。

○無奈哭泣，痛苦呻吟；絢爛夢幻變泡影──影瘦人強。

●勞神費腦，經咒難唸；何不修心同神遊──遊於太虛。

○百歲光陰，誰謂是夢；回首往塵豈堪嗟——嗟否建樹。

●恃強凌人，固受眾鄙；見弱不援人可辱——辱其無勇。

○明天太陽，固難見到；贖罪心情應先付——付債了心。

●父母生有，國家培養；社會護衛有何報——報答情恩。

○穿過荊棘，踏上征途；沙漠綠洲在當前——前有路障。

●人奉父母，能盡孝養；尊敬長輩須本誠——誠以心表。

○持盈保泰，忍讓固守；路見不平見義為——為所當為。

●久謝塵緣，寄廬樓巔；白雲星月伴我眠——眠有美夢。

○捫心自問，在世所為；獻奉紅塵有多少——少問良心。

●莫再以為，人人負我；憤世疾俗皆不滿——滿違良致。

○危害社會，不勞想獲；結夥盜竊難對人——人人喊殺。

●迷信邪教，海溺五子；嗚呼哀哉愚難言——言法難活。

○性趣不同，搜藏各異；書藝花石皆特色——色看人好。

●女性懷柔，男性剛強；柔以克剛壽較長——長因軔制。

○孝親尊長，做人美德；勤儉耐勞中國人——人人愛國。

●不言利害，做好工作；拋開權利看貢獻——獻出血汗。

○人老不怕，心哀可悲；年未八十應回春——春滿人生。

●新舊交替，保守革新；明爭暗鬥難擺平——平看潮流。

○人性殊異，各具其面；行業千萬自取好——好壞看人。

●情節曲折，變化萬千；科技想法因人應——應本想法。

○隻手空拳，白手起家；合資創業共求榮——榮去私心。

●雲霧繚繞，虛無縹緲；山嵐松影埋古剎——剎門僧啟。

○飽讀詩書，昧懂做人；滿腦科技忘八德——德失非人。

●舉世滔滔，紅塵眾生；誰人能去貪瞋癡——癡丟可佛。

○自由民主，開花結果；均富強盛在中國──國擁金融。

●不吃這套，何必強勉；天下事物順自然──然必斟酌。

○歷代國弱，未普教育；只重建廟少政改──改革政制。

●世上事物，難議者多；超逾常情看人為──為必智勇。

○難窮藍天，無垠大地；虛浮幻影懸空中──中隱古剎。

●美英主導，全球人類；中華民族快統一──一心富強。

○同病相憐，惺惺相惜；皆是天涯淪落人──人人相扶。

●邊疆民族，喇嘛太多；生育減少口難增──增無和尚。

○歷史責任，誰能承肩；聖豪為民無私權──權關興衰。

●國外華僑，鍾愛祖國；輸將捐獻為國強──強為人尊。

○人不願為，我卻敢做；雖身在野心當朝──朝野一體。

●古語連篇，自以進步；時代超前早落後──後浪推前。

○人到老年，多苦歸宿；地獄天堂何處尋—尋難究竟。

●國人敬祖，天經地義；子親孝養必天堂—堂前神位。

○仁見其仁，智見其智；愚見其愚各不同—同人則異。

●風月古今，情懷深淺；看法運用在個人—人智不同。

○體負血肉，皆非賢人；社會地位看權財—財擁仁心。

●書能飽覽，智必超人；卓見慧心御群倫—倫以理勝。

○教主設教，主導心靈；但無善惡分上下—下是地獄。

●數典忘祖，絕非子孫；雙親美位立堂前—前途必亮。

○古月照今，今月曾古；攬月情懷皆相異—異位非同。

●列鼎豐食，其為一味；華屋千間眠一蓆—蓆暖心足。

○粗衣勝綾，安步當車；名為身累貨易賊—賊竊身危。

●芒鞋竹杖，興趣悠然；結間茅屋旁林泉—泉怡心性。

○心為形役，妄事千求；身為事苦肩難前——荷重身危。

●碑立百尺，終為人柱；長城猶在秦皇沒——沒人久世。

○識為世上，英雄膽囊；善是人間富貴根——根源於德。

●斗室集聚，溫馨歡笑；年節團圓慶新春——春無何悲。

○感官享愛，愈益提高；心靈智慧愈痳木——木難為雄。

●榮華原是，三更春夢；富貴本為九月霜——霜來難久。

○性能自得，盡量自得；情到無心則無憂——憂多必苦。

●廣結翰墨，緣生於藝；精研書畫味在情——情得於心。

○人虧天不，世常輪迴；舉首向天饒過誰——誰可得免。

●長安王曲，名很美麗；好山好水好風光——光大黃埔。

○縱不相識，微笑問好；交不點頭何以友——友情普施。

●秦嶺壯麗，終南王曲；氣眾萬千湘子河——河山待統。

○威鎮西北，東南游擊；一級上將胡宗南——南殞蓬萊。

●長安永安，延安難延；雄師圍困勢難展——展必戰後。

○太平盛世，詩人華貴；時亂兵燹哀筆多——多言苦情。

●時人評謂，武將清廉；有清數彭民為胡——胡氏宗南。

○怒潮澎湃，英氣凌雲；華夏燕趙多俠豪——豪氣干雲。

●王曲學生，將近十萬；三八四九散陸台——台灣年聚。

○抗日軍興，敵前敵後；八方英豪會王曲——曲己為國。

●自謙人服，自誇人疑；恭可平怒貪起爭——爭無人知。

○長城腳下，骸骨堆山；戍征役夫皆做鬼——鬼咒暴君。

●年老體衰，血氣俱虧；身暖床溫不容忽——忽得風痺。

○體有痠痛，週身不適；人無疾病心舒暢——暢應保健。

●文化交流，互取精華；學習科技提水平——平心為國。

○先有極苦，後知極樂；樂生於苦故不畏──畏苦難人。

●資訊發達，世界縮小；地球村內一日遊──遊看寰宇。

○父母雙親，妻子兒女；黃泉路上早晚去──去不相識。

●濫交濫食，身絕先亡；濫言濫做事必敗──敗因不儉。

○寶貴生命，投入社會；縱化灰燼心不悔──悔難脫塵。

●吉林霧淞，桂林山水；雲南石林長江峽──峽皆奇觀。

○韶華勝極，萬豔同悲；花團錦簇旋凋謝──謝難復元。

●生老病死，自然規律；人命長短看修法──法難求一。

○物慾追求，金錢為先；不忘文化傳家根──根忘必危。

●掌中子兒，無限希望；成龍成鳳不溺愛──愛令先苦。

○同窗好友，相聚一堂；詼諧調鬧話當年──年年聯歡。

●患難憐顧，安樂共扶；過客旅程彼此協──協力向前。

○恩莫父母，情猶夫婦；親如兒女當思反——反報恩親。

●能明決斷，謂之英斷；不明裁斷謂武斷——斷人招怨。

○揚人陰辱，豈可得榮；財分人薄焉得厚——厚人薄己。

●託五尺身，寄百年命；塵世鄉寅親友情——情得以厚。

○身為人才，不負雙親；發奮圖強創事業——業報人群。

●生活秩序，突然大亂；年邁力衰難適應——應守規律。

○世無完美，多有醜陋；心平氣和去面對——對必涵溶。

●鮮血白骨，國弱人欺；莫忘旅順萬忠墓——墓皆無辜。

○魂離皮囊，飄蕩自由；靈魄純淨上瑤天——天堂任遊。

●家興強旺，國必隆盛；摒棄自私散沙名——名為身格。

○私法利生，提倡佛教；建立人間淨土宗——宗看星雲。

●人生百歲，在世有限；身活很短命難長——長為美魂。

○少陵生母，閨名海棠；獎譽異卉故獨缺——缺非關詩。

●風骨凜然，諫官風範；贓否時政異數人——人得崇敬。

○萬卷讀破，柴扉寂然；腹有詩書氣自豪——豪因識廣。

●事後論人，說人極愚；局外評事話極易——易非當局。

○智慧慈悲，樂觀理明；感恩滿足人補品——品非食品。

●富不知足，始是窮人；物質雖窮精神富——富當為人。

○本籍寄籍，祖籍徙籍；籍貫不同故有分——分看昌黎。

●歷史車輪，不停流轉；時光流逝難留痕——痕生浪湧。

○勤得富貴，方知保惜；苦獲飽學始珍重——重因曾寒。

●筋骨受寒，血脈難通；隱隱作痛風濕酸——酸尋專醫。

○歷史大戰，門不買票；演員觀眾我恁他——他演我看。

●東邊彩霞，西方昏暗；蒼穹流閃明黑景——景在拂曉。

○荒煙野塚，苔蝕殘碑；吊古茫茫多少事——事過難痕。

●山連雲嶺，疊嶂千層；誰任長江水灣頭——頭在石鼓。

○元明徙補，皖潁韓族；山西洪洞大槐樹——樹鬚植台。

●龍之故鄉，忘必變種；寄籍海外念祖國——國為人根。

○休書為牆，讓他們妨；長城今在無始皇——皇帝難久。

●春秋之心，如椽之筆；仗義執言天下先——先他而寫。

○浩浩長江，滾滾黃河；源自青藏巴山巔——巔水難絕。

●淮上健兒，潤河牧童；縱橫江湖五十秋——秋水長天。

○孤獨沉思，促進求明；甜美歡樂忘掉己——己難成長。

●愁眉苦臉，心結不開；無忘念頭丟遠揚——揚去必樂。

○草屋茅蓬，容身皆美；高位職卑皆為民——民為至尊。

●大地蒼茫，雲天浩瀚；無限江山有限情——情懷萬物。

○東西半球，一日可遊；南北兩極半月玩——玩了再想。

●身在斗室，心懷萬里；阿拉斯加挪威遊——遊蹤四海。

○地球人類，起於何時；考古學者未定論——論斷殊異。

●塵世相識，前世有緣；情誼相交貴相協——協助支援。

○國共相爭，纏鬥不歇；外族來侵聯合戰——戰止為國。

●天外飛來，禍福臨門；塵世難卜生死路——路無老少。

○天上地下，名詞而已；天外有天地有地——地連靈天。

●阿彌陀佛，奉主耶穌；三清道祖是真神——神乎其來。

○人太癡心，常得傷情；事斷氣頭多偏差——差前深愿。

●不識能助，其情無價；識不相協但不壞——懷必無德。

○知識特質，慧根看待；身負統御須分別——別應親疏。

●飯來張口，衣來伸手；為人不知塵世愁——愁生因食。

○戰亂識雄，治世明才；處於太平當守分——分量分清。

●身處斗室，神遊寰宇；飽覽勝跡多讀書——書藏萬般。

○生命能源，皆本中性；造福闖禍看運用——用在人為。

●雲影天光，繽紛夢想；歡樂哀傷滿人間——間無局外。

○人上一百，形色殊異；身份學位有識見——見法不同。

●一雙慧眼，機警逾人；欲建人際絕難缺——缺非雄豪。

○觀光歸來，身心疲憊；舟車困頓安全無——無法保證。

●生命終止，錢物何用；時空對人皆空談——談以人生。

○人生顯微，歷史塵煙；春風秋月似夢幻——幻化入塵。

●層巖叢樹，淡嵐松風；岸猿嘯淒峽谷情——情景險竣。

○古木參天，翠篁成蔭；蜀郡峨嵋縉雲山——班色秀美。

●晉朝王質，採樵遇童；山月看祺斧生鏽——鏽非人間。

○聰明絕頂，性具慧根；處世沉練果斷行──行必德當。

●以甘仔密，和以豬膽；二味和拌抹療癒──癒局部瘡。

○光輝人生，看盡山河；紅塵世界豈煩愁──愁多必苦。

●心內所想，未必成真；理有當然可實現──現不茫然。

○歲月難情，萬物皆滅；紅塵本愛滿人間──間當報償。

●在世昧明，謀生艱苦；歿後難為天上神──神通人情。

○大蒜洋蔥，防止心臟；白菜甘藍無腸癌──癌缺麥穀。

●征塵雖歇，屢戰屢起；功成名將萬骨枯──枯屍無收。

○人生歲月，生活累積；起居飲食止始終──終嘆時短。

●頭上晴天，人皆一片；祥雲前導望無窮──窮其一生。

○塵俗煩惱，無人能免；大千世界難桃源──源頭本淨。

●惻隱羞惡，謙讓是非；仁義禮智人性心──心懷四性。

○狹隘呆板，忙碌緊張；爽朗胸懷海闊空——空天玩夠。

●生兒育女，女性權利；母氣負死太愚鈍——鈍然無知。

○劇中情節，忠孝節義；悲歡離合皆戲演——演看人間。

●以神設教，潛移默化；眾生向善宣化人——人世之聖。

○福從天降，喜極而泣；禍來不測突沮喪——喪宜善處。

●起啟人生，承擔責任；轉化品質合融人——人當為人。

○調侃相戲，難有美語；閉起尊口烏鴉嘴——嘴角生輝。

●人生固夢，但夢會醒；生活現實仍要度——度享甘苦。

○勤不能儉，枉勤一生；儉不能勤定山空——空合勤儉。

●外人敬神，中國拜人；功世為神故神多——多崇功敬。

○男長於女，性外陽剛；女短於男內愁柔——柔以克剛。

●家家堂內，設祖牌位；莫忘先人好子孫——孫裔懷遠。

○落後民族，皆重迷巫；固守傳統想修神——神先德世。

●閻王好見，小鬼難纏；刁難刻薄僚氣重——重難得情。

○獨木橋上，實難撐久；時代潮流誰敢當——當必擊倒。

●人無嗜慾，天機必深；心悟哲理境界高——高當保身。

○崇拜聖雄，無可厚非；敬之為神大不必——必迷中邪。

●歐美科技，凌駕人類；不信邪靈重研究——究底追根。

○蒙藏民族，子多喇嘛；印緬尼泰幼為僧——僧多人少。

●裝飾酒櫃，寧費百萬；買本好書捨不得——得當性雅。

○往事塵封，不復記憶；翻閱舊箋重溫情——情回當年。

●弓長昔賢，風人齊發；金令左右韓古名——名振四方。

○昔日玩伴，皆已長大；當年故舊多凋零——零必歸零。

●靈性境界，得求空淨；物質慾念不講奢——奢必心貪。

○心冷意賴，萬念俱灰；起死回生須人慰——慰情得慰。

●本於性趣，發揮長處；奮勤半生無怨悔——悔早改行。

○善書養氣，提氣怡神；握管揮灑靈氣發——發平矜躁。

●學養不足，虛驕恃氣；功力不夠別逞勇——勇發技強。

○落花有意，怎謂春遲；守得雲開終見月——月照人間。

●人挪移活，樹搬動死；種人砍樹兩敗傷——傷不反行。

○現代人生，處於友事；反比親情時間多——多慰親情。

●海角天涯，關山難越；生死哀愁失路人——人傷征途。

○默坐靜思，再書入神；氣盈沉密對至尊——尊聖得仙。

●友誼交情，逾於手足；為文悼念甚哀痛——痛早珍惜。

○物質享受，僅是一時；科學文化為久長——長潤後代。

●同飲作樂，亂性傷情；酒後真言不具憑——憑非真友。

○蛋白洗根，蛋黃沫髮；分別包頭溫水洗──洗一每週。

●人生際遇，故有坎坷；途程多難勿責天──天豈薄人。

○德佞難容，冰炭不器；正如松柏邪藤蘿──蘿攀附上。

●荒塚殘碑，斜陽夕照；昔曾睥睨一世雄──雄俱往矣。

○誤上賊船，欲脫難解；同夥作案難逃刑──刑分主從。

●早餐吃好，午餐吃飽；晚餐吃少延年壽──壽加鍛鍊。

○話悶在心，不吐鬱疾；氣不過火免爭強──強捨恨妒。

●性本恬淡，遠離繁榮；山野田園度人生──生當歡樂。

○滿眼繁華，浮生夢幻；紅塵盡處是人生──生各千秋。

●腐儒執筆，難識變通；當因狀況謀策行──行必致果。

○人被人愛，勝於愛人；物受重視勝自賞──賞當珍惜。

●揮霍時間，浪擲生命；胸無內涵舞池度──度完入塵。

○人有所好，各本性嗜；終身不疲是人生—生有不同。

●佛滅道後，以戒為師；持戒嚴謹苦行僧—僧修成佛。

○大千世界，紅塵浪翻；世變無常嘆今昔—昔作借鏡。

●雙親有病，縱不可醫；藥理放棄空通情—情盡則安。

○常人晚悟，聖哲早覺；神通秉賦皆頓悟—悟開天地。

●豁然開朗，隨緣悟達；一明百明凡至聖—聖人皆聰。

○懲忿空慾，少食多動；除嗜定氣節勞逸—逸多反勞。

●學者療疾，斂心養性；益壽延年忘憂愁—愁多自尋。

○內心隱痛，難訴於人；鑽進牛角易傷神—神易失常。

●萬里江山，五族共有；千秋大業屬中華—華夏兒女。

○行蹤天涯，飄萍無定；到處為家心先安—安無他想。

●事想通了，心必開朗；書念明了人當謙—謙虛為人。

○農民荷鋤，汗滴土中；人在端碗當念苦——苦為農人。

●沉默無價，享受沉默；強勉辯解難清白——白多無益。

○月圓人圓，感受不同；紅塵人際遭有異——異變仍歡。

●財貨易盡，藝文無窮；留名千古傳世德——德護裔孫。

○念書目的，不是為己；分享別人胸懷世——世受其益。

●飽潤儒學，為人著想；苦樂憂心常反省——省非改錯。

○痛心難訴，言必傷情；塵世苦樂難符心——心當豁朗。

●苦傷自心，痛損己體；抑鬱難伸癌疾來——來無達觀。

○氣悶心裏，無人諒解；設不看開必成鬱——鬱得絕癌。

●密室靜坐，反觀自性；萬緣放下悟覺明——明白物空。

○心慈色溫，塵世結緣；顏莊肅穆人不諒——諒人得情。

●從事政治，先具學養；道德為首次言政——政辦眾事。

○意見分歧，互相尊重；同中存異共發展——展為公益。

●青春年少，活力無窮；懷抱雄心去天涯——涯由人造。

○魚翅海參，龍蝦水母；海中魚草佳味享——享看廚藝。

●佛戒殺生，身忌肥腸；食本清淡少腥渾——渾多損人。

○業力牽絆，斷喪佛種；塵緣盡放無情僧——僧心憫眾。

●書固多讀，但應創新；通達致用不拘泥——泥古則非。

○從事學習，必須專心；技功在身天下行——行必無懼。

●野雞野兔，獐貍箭豬；山中禽獸多禁獵——獵吃人野。

○珍禽異獸，猴腦燕窩；難抵青菜豆腐湯——湯水養人。

●辛勞積金，年老養身；銀行利息到期提——提非他人。

○塵世萬殊，人當勘破；太上忘情歲月催——催髮飛霜。

●生命短暫，奄忽飄塵；浮名奢華何厚求——求多奉獻。

○貴尚望仙，富感錢少；美攬鏡醜彭求壽——壽長德多。

●盤腿打坐，眼睛一閉；無比歡喜無比樂——樂須神定。

○袈裟前後，心境不同；濁淨分別無牽掛——掛難出塵。

●僧尼看花，物皆假像；千濤萬浪難衝回——回難清修。

○世事體察，智願清明；悲歡離合總無情——情懷難忘。

●掏心吐語，聞必自己；聽人心訴當關情——情得心安。

○男人成功，背有賢助；女人相夫守婦德——德為人母。

●平常心情，推窗望月；院中梅花看不同——同異境界。

○入山學佛，難謂看破；開發自我再奉獻——獻身拯世。

●疏林淡影，瘦樹亂籐；幽靜清逸農樹景——景由人看。

○晨風夕月，堦柳庭花；茅屋人家紅葉飛——飛向遠方。

●春來冬去，花開花落；萬物生息宇宙象——象生隨緣。

○貧富骨肉，貴賤骨肉；季子貂裘親難親——親親是親。

●長門孫子，末門的爺；家族裔序看排名——名門禮規。

○偷閒省親，父見痛別；白髮送黑兩時傷——傷情難挽。

●損己益人，能為則可；人我兩害做必傻——傻子無智。

○遠富近貧，其人可貴；疏親慢友性難情——情得以情。

●有花無月，有月無花；花月雙臨兩茫茫——茫茫人生。

○心懷神州，西望故國；八千里路雲和月——月照窗前。

●情固可憫，行實可惡；莫以己私損公益——益眾則安。

○事行兩利，多做無妨；損人益己萬莫為——為必遺福。

●地球核毀，人種滅蹤；萬物不生待復甦——甦醒生人。

○銀河星外，尚有銀河；千億光年難到達——達極無限。

●人固修心，尤要修口；口德損人勝心好——好心好口。

○春盡紅顏，花謝人亡；千秋萬世空嘆惜—惜不惜己。

●黃湯下肚，傾吐真言；人非知交皆套語—語含偽意。

○神疲骨痛，蠟炬將殘；春蠶待斃吐餘絲—絲惠名留。

●斷層邊緣，驚鴻掠影；古曲餘風流韻味—味淡情濃。

○天與地球，塵中微塵；太空銀河銀河多—多麼浩瀚。

●碑徑風寒，蒼苔露冷；荒煙蔓草感懷傷—傷人爭鬥。

○傳統固守，科技為先；企業發展賴用腦—腦智超前。

●求學打工，體驗人生；貧賤富貴子當為—為必智廣。

○葉落空山，碧天霜月；病深感傷生有涯—涯去役岸。

●病老陰影，心神潰散；身難自主腳步亂—亂無信仰。

○紅塵紛紜，起落無常；眼前美景花當賞—賞心悅目。

●口誅筆伐，交相指責；行素自我該檢討—討人必厭。

○格致誠正，修齊治平；為人處世須本則——則無必亂。

●征將夜渡，朝官更寒；山僧宴起羨人間——間中神仙。

○擁學自肥，寂寞孤癖；結廬人間性傲物——物我相愛。

●智不及人，爾想逞雄；體不及人別言強——強得眾舉。

○凡事可代，唯病難替；人懂養生終無疾——疾因無動。

●聰明之人，用人經驗；笨拙之人去體驗——驗了心傷。

○職權逾大，責任越重；憂人先憂樂後樂——樂必有節。

●古銅色體，身健表徵；鍛鍊日灑人必壯——壯由自強。

○藝文千古，黽勉長年；閉門忘世心琢磨——磨得功成。

●金石傳世，萬代不朽；寄塵人間留痕跡——跡美人平。

○有錢度曰，無錢難度；世上人等為錢忙——忙裏偷閒。

●滌盡塵俗，品味人生；偶涉深山樂神仙——仙凡不同。

○塵世名利，過眼雲煙；心中平淡無貪求——求多必苦。

●陰修無德，陽世難人；宇宙主宰在心中——中本大德。

○縱身紅塵，人世百態；觀點殊異各奔程——程途有別。

●世上美景，人難看完；心領神會無啥奇——奇在幻想。

○錢固辦事，無前照為；人以克難皆可行——行必用智。

●案牘勞形，終日難閒；負責盡職天天忙——忙不忘體。

○人歿見鬼，鬼由人變；心中無鬼何由生——生本正義。

●靈魂固有，世人難見；操縱世界在世人——人主萬物。

○世留德名，人敬為神；界分陰陽因太極——極地無限。

●人鬼相生，彼此相忌；鬼從人來怕必生——生由心造。

○世間無鬼，鬼由心生；人不怕鬼鬼怕人——人正鬼遠。

●史學泰斗，漢宋司馬；唐詩宋詞八大家——家家戶曉。

○愛與貪伍，奮鬥不懈；喜與富鄰常墮落——落因未苦。

●人性自私，愛植私產；生為財產故勤奮——奮力爭取。

○天地萬物，皆俱靈性；人本道心役萬物——物有明晦。

●忙碌終日，難得一暇；一生如此等蓋棺——棺難自作。

○錯己鑄成，韜光養晦；悔悟在心當奮起——起再勿蹈。

●冰山一角，一葉知秋；深入核心了解情——情況掌握。

○天賦人性，豪放自由；世上人類愛民主——主由自述。

●富而不用，等於沒有；窮能調度較富闊——闊須信用。

○富人心窮，雖富無用；窮人心富較富有——有較富樂。

●誰能想開，放下一切；塵世事物皆人為——為舊沒完。

○心情以沉，萬緣皆靜；意浮氣燥事多砸——砸因不定。

●創業雄主，識時造勢；能操興亡必霸才——才堪重任。

○生為女兒，命似雪花；世間悲苦一肩承——承先啟後。

●中華兒女，縱寄四海；不忘祖國常省親——親情無價。

○理想抱負，志在四方；空守家園伴妻兒——兒女情長。

●塵世人類，生活環境；各有不同隨性存——存不擾人。

○積金人愚，積書人智；讀破萬卷人聰明——明白古今。

●滾滾紅塵，愛恨交織；琅琅乾坤山河縱——縱看千秋。

○中華文化，博大精深；身為僑民親祖國——國無民憐。

●採天地靈，涵胸中氣；山川河獄有生機——機關心得。

○征戰沙場，英雄美名；無定河邊骨難尋——尋回何雄。

●八年抗曰，四載內戰；國共犧牲千千萬——萬世無爭。

○世人固多，但又很少；把臂言歡肝膽無——無心談俗。

●能容肯讓，謙沖自牧；悲天憫人心快樂——樂天達觀。

○書堆滿室，裝作飽學；降雨攜傘但未開——開了有用。

●人背脊骨，又謂龍骨；駝載全身體重量——量損必癱。

○明份守份，安份盡份；克己為人力工作——作必特別。

●自由市場，應受尊重；投機剝削豈應談——談了傷情。

○讓固美德，適足養奸；當仁不讓據理爭——爭非為己。

●計較人短，愛鑽牛角；世物眼中皆仇敵——敵攻心苦。

○智盡以謀，勇竭其力；仁播慈惠為效忠——忠心為國。

●以暗擊明，絕可獲勝；以明擊暗難予戰——戰看國共。

○智慧企業，機器致富；自由人類皆夢想——想脫窮困。

●一窮二白，大家皆無；人類競爭皆停擺——擺了難當。

○十指施政，各得所需；雙手併發整體益——益眾群仰。

●人如小說，不在短長；生宜美好猶靈鳥——鳥語花香。

○勞怨無怨，受謗不辯；站穩腳步本服務──務為人眾。

●時代在前，永難追趕；不為時髦去苦惱──惱因自尋。

○傷親固痛，逝者難生；何不客觀去善後──後人力前。

●重大天災，妖孽人禍；歷史轉變必不遠──遠看史證。

○人終訓子，令折隻箭；眾矢難摧宜團結──結力難侮。

●肚有神經，叢生於腹；縮穀中樞須鍾打──打了靈活。

○傾聽意見，態度莊重；莫因身份有區別──別以回答。

●身受其痛，始明悲哀；同情可憐心難傷──傷分表裏。

○企業偉人，時代才後；功成當前靠努力──力拼超人。

●吃人口軟，拿人手短；公私立場須分明──明辨利害。

○貪著禪味，為縛菩薩；遁入佛門無塵擾──擾人無德。

●民要安定，國先無亂；人不為盜生必樂──勞不忘憂。

○捏造祥瑞，獻媚邀寵；粉飾太平別用心—心術當美。

●眾人安定，個人獨噪；難謂社會不平安—安看眾意。

○陽光空氣，水及食物；崩存必備缺一難—難以維命。

●言語同情，難飽肚皮；唯有奮鬥始立足—足以自強。

○史乘殷鑑，古今變革；治亂源頭須看明—明白因應。

●地有祥瑞，純屬無稽；天有災殃非關人—人當敬天。

○唸句佛號，就可升天；何必非到靈山前—前因心應。

●春秋正義，莫損前程；酒色財氣須酌斟—酌勿自誤。

○菩薩心腸，悲天憫人；天地大德育萬物—物養人類。

●日本廣島，相生橋畔；千萬亡魂千古冤—冤看南京。

○欲亡人國，己先人亡；日本侵華反投降—降在南京。

●塵世歲月，歷練人殊；窮富貴賤莫空閒—閒了無聊。

○行行有怨，皆含心苦；惟本工作娛樂中—中得酸甜。

●愛貯冰箱，人性難顯；唯以寬恕愛世人—人以愛生。

○成敗兩極，人憂心煩；破釜沉舟力積為—為人宜慎。

●矛盾固有，自我消化；親友世人當自解—解以情溶。

○核彈夢魘，恐怖景象；警惕好戰曰軍閥—閥無人性。

●生不停蹄，純為助人；心靈安適求不間—間反難間。

○慘死錯生，歲月無情；不生不死怎稱史—史承傳續。

●舌燦蓮花，口吐穢語；言談平淡非名利—利人行德。

○身污表面，易於清洗；心垢烙痕去掉難—難不損人。

●讀書萬卷，字難療飢；有技在身天下行—行不怕餓。

○情恨難解，愛難了結；乾坤無地可埋愁—愁去百了。

●母乳餵幼，車下納涼；俟知主人留意開—開心微笑。

○子能盡孝，父當心慰；老去情懷無惆悵——悵然嘆惜。

●人生無愁，愁難人生；愁上高樓樓上愁——愁難上樓。

○天地不仁，萬物芻狗；世物皆毀難三朽——朽木逢春。

●詩人寂寞，邊古有自；風塵筆端留餘香——香遺萬代。

○門前草叢，曾經穿越；一道花牆萬人想——想得必愁。

●別人高見，先予傾聽；獨特卓識融會通——通達情理。

○國人病因，找出診斷；中華民國一定強——強不操戈。

●一生矜憫，誨人不倦；搖盡餘光吐盡絲——絲完無恨。

○平正通達，圓融博大；待人處世無狹偏——偏難持公。

●人在家中，禍從天降；行於外處心提警——警無難安。

○遠山近水，嵐影雲光；曠野平疇意風發——發心舒心。

●口乾舌燥，喝養肝湯；寧可吃少不可多——多必胃脹。

○不會著書，無可厚非；讀人好書當推介——介紹人讀。

●熱情過頭，必遭冷彈；事不思考易處錯——錯了難收。

○心記人善，一身是佛；只念人惡半生憂——憂愁度曰。

●己能自立，必能達人；先人自愛可愛人——人人為人。

○心情明朗，保持經常；樂觀心理非一時——時常良好。

●物質生活，盡量求少；精神食糧不厭多——多無閒愁。

○人生際遇，分合起落；苦難纏身當奮發——發不自餒。

●義理當前，眾拒獨往；背悖義理獨不前——前昧良知。

○人德於我，終生不忘；我德於人不念報——報人以恩。

●聖人倡學，以仁為本；救主立教以愛行——行世人敬。

○老人幸福，死不在床；取能灑脫無苦痛——痛無先修。

●不光看人，要看國家；不只看事看歷史——史有定評。

○年齡增大，器官朽衰；髮禿齒搖病相隨——隨人各殊。

●人生更替，生死病死；時序流轉四季來——來去不停。

○自然物化，去無痛苦；性命雙修可齊天——天長地久。

●貪瞋痴愛，有必損情；酒色財氣無命長——長看人戒。

○學佛參禪，老無所苦；心本慈悲愛為先——先拯眾生。

●國家民族，人人護衛；科技倫理著先鞭——鞭及邊疆。

○老不煩悶，填滿工作；情趣投入樂無窮——窮其一生。

●歷史傳承，朝代更迭；人物興衰秉筆書——書必以正。

○忘情止念，子時座東；握固叩齒耳反聽——聽內無息。

●理性和平，對等互惠；蠻橫霸道客反主——主看客情。

○擁有財錢，固能辦事；事無專業難成功——功得人才。

●情托山水，與寄大地；靜聽天籟望白雲——雲天無際。

○剛愎高亢，目空武斷；自以為是皆否定——定必失敗。

●冷言冷語，事必有因；旁敲側擊須警覺——覺當暗改。

○傖俗卑微，瘦削佝摟；乾癟顫抖身扭曲——曲必痛情。

●歌臺舞榭，霓紅閃爍；蝕骨銷魂聲撩人——人醒莫醉。

○惜緣惜福，勿須奢求；珍惜寶愛不外貪——貪多必苦。

●身處塵寰，紅塵鎖閉；心靈傲遊浩瀚空——空靈雲天。

○事若想開，心無煩苦；人鑽牛角難脫身——身猶牢籠。

●兩情相悅，豈在朝暮；久處一起未必歡——歡因心連。

○天地世間，仁義最重；處於家庭孝悌先——先人做樣。

●慎始慎終，好聚好散；熱情馭慾禮約情——情人莫刁。

○愛河永浴，海枯石爛；慾盡情疏視陌路——路遇反親。

●法天行健，自強不息；頂天立地去奮鬥——鬥倒邪惡。

○猶太亡國，二千年來；流散各地鬥不懈——懈了難復。

●外來強龍，難壓地蛇；誰謂貓狗不稱雄——雄不害人。

○天降噩耗，心頭宜靜；身染塵俗皆難脫——脫必悟徹。

●再來一次，今生休想；抓住機會樂人生——生本無愁。

○生不能養，心念必悔；養育成人當報恩——恩報生養。

●出不入世，有違進取；開物成務心樂觀——現人有成。

○猶太文化，魯殿靈光；以撒辛格以色列——列國流浪。

●智取力擒，事思籌策；處身兩難須明斷——斷宜求安。

○諧而不謔，鬥而不鬥；趣事韻事宜分明——明白知處。

●記人好話，一世是佛；想人壞事下地獄——獄中改悔。

○紅黑花白，生丑淨界；忠奸正邪臉不同——同樣扮演。

●瘦影當窗，梅先得月；涼雲滿地竹籠煙——煙波萬里。

○事有希望，驗證信心；利用喪敗練毅力——力拼向前。

●人若稱讚，但要謙虛；身處快樂須節制——制不昏頭。

○從好處想，最壞打算；語出不可說滿話——話餘留地。

●閒遣時間，找點事做；身常鍛練不透支——支收平衡。

○好花常令，朝朝吐豔；明月何好夜夜圓——圓缺無缺。

●吟餘擱筆，諦聽鳥語；棋歇推窗看落花——花殘瓣破。

○置身危險，培養勇氣；不白冤屈驗耐心——心不為餒。

●處於痛苦，不要焦燥；事惹情緒心止水——水平浪靜。

○自己的路，不要人開；個人前途由己握——握了光明。

●江山萬里，風雨千秋；秦關楚月故園情——情懷神州。

○假手他人，難救自己；請人難代饑飽餐——餐非人餐。

●萬事莫如，身手皆好；一生惜時在年少——少過必悔。

○竹几籐床，水色山光；客來無酒茗品香—香氣滿室。

●強硬頑固，狂暴性虐；剛愎自用人必敗—敗因自雄。

○莽莽神州，悠悠大地；放眼華夏看寰宇—宇宙蒼茫。

●西方淨土，九品蓮花；花開見佛遨長空—空悟無生。

○盛氣凌人，剛愎自雄；溫恭無緣必被棄—棄非人棄。

●中華民國，創建始祖；文化正統孫中山—山難人推。

○短短橫牆，矮矮疏窗；門外池溏山景麗—麗影映簾。

●身處世間，感染污穢；美麗塵垢聽音樂—樂聲淨心。

○祈求蒼天，慈悲為懷；業障難消化塵埃—埃孽先懺。

●青山不老，因雪白頭；綠水無憂風皺面—面容常欣。

○今夜有酒，醉他一飽；昨夜星光憾去賞—賞待明夜。

●財富權勢，固然擁有；心不開朗難快樂—樂必達觀。

○金山銀峰，莫如身強；美鈔台幣難抵樂──樂非外來。

●錢多無用，無它不行；開門人情七件情──事事難離。

○光明正大，恢復原位；僭竊冒名實難久──久必自創。

●生前報親，死後為神；情關識破判仙凡──凡子尚恩。

○天天頭昏，日日目眩；縱擁萬貫難心歡──歡必身強。

●憂鬱悲觀，煩惱失望；秋雲慘霧蝕心靈──靈開人樂。

○詳細研究，深入觀察；發掘問題去診斷──斷其痼疾。

●春柳夏荷，秋楓冬梅；童年織夢見必難──難因路阻。

○逝不復來，存當孝親；古今賢名報恩情──情親以順。

●屋堪容身，何嫌茅矮；客來談心豈在豐──豐餐人肥。

○病得友探，驅病勝醫；閒得友訪情怡心──心談古今。

●幼盼長大，老望返童；朝暉晚霞日月轉──轉難倒回。

○行屍走肉，日無所事；社會拉扱害人群——群起淨污。

●窮住鬧市，親難上門；富在深山交疏來——來攀情緣。

○佛為皈依，耶愛洗禮；道稱傳度儒拜師——師承相傳。

●關山遠隔，兩岸相思；見面莫如懷念好——好非看情。

○身被烏雲，且盼陽光；陽光乍現復烏雲——雲幻無常。

●為了理想，忍耐寂寞；為了生活工作勤——勤以智勞。

○久病床前，難看孝子；身窮難尋至親人——人不怕窮。

●塵世萬般，莫如心安；人情千縷在牽緣——緣得知心。

○書上繁華，難表事實；六朝金粉今非昔——昔難今看。

●日思夢想，神州在望；親情盼親望親來——來非情來。

○皮伐獵槍，黑龍江邊；鄂倫春族漁獵生——生謹七千。

●拇指管頭，食指管肝；中管心臟名骨筋——小指胃腸。

○落敗羞辱，當思反省；怨天尤人非正途——途宜檢討。

●早上吃好，中午吃飽；晚上吃少不吃好——好空無疾。

○早二午三，晚上以一；睡前不食無癌疾——疾得食夜。

●處世冷靜，易於功得；性不衝動少挫折——折多生苦。

○閣樓炎熱，吳興水深；身沒臨境難體情——情當明味。

●錦不榮華，炫親耀友；發以道德養祥和——合融得人。

○塵世怨恨，大肚能容；滿腔歡喜笑掉愁——愁來因鬱。

●時序運轉，歲月無情；冬去春來幾度秋——秋霜無夏。

○經濟穩定，奮發無慮；目標理想易達成——成於徹悟。

●心靈健康，當悟節言；善斂智慧神安泰——泰然自若。

○最好財富，莫過知足；心無煩苦多幸福——福自悟來。

●生不纏身，死不纏魂；罪業脫離超三界——界無必界。

○心猿意馬，務必拴好；佛聖悟道在此關—關卡當守。

●惡從煩惱，輪入畜餓；善伏煩惱昇天神—神得心正。

○積炁薰蒸，腐臟滅亡；至道淡然命性長—長必薄味。

●臉上油污，鏡照易洗；心靈垢穢難滌淨—淨須懺悔。

○儒教克己，佛教看破；老莊教人守清靜—靜為解脫。

●向外思順，順行為鬼；向內思逆逆行道—道悟則佛。

○收心無念，人我兩忘；離苦得樂上佛門—門徑最捷。

●人既知苦，悉將苦賣；上天神佛祂盡買—買去付樂。

○世上生物，命皆水泡；榮辱窮富得看開—開無拘絆。

●移山填海，有恆必功；聚沙成塔看眾為—為必齊心。

○人認麵包，甚於一切；事得眾諧非獨斷—斷誤人違。

●彭吳治水，韓人受惠；洪患導江入海流—流風衣白。

○煙雲瀰漫，俯瞰塵寰；餓殍托孤植物人——人世苦難。

●智潤氣和，始謂睿智；謀能得用稱高明——明人事薇。

○山川大地，身軀血肉；微塵泡影塵中影——影中無影。

●林風漫吟，松清嘯吼；夜鳥啁啾流水清——清越音調。

○箕子使韓，三千年來；深染華風尊上國——國為兄弟。

●白沙在泥，習染俱黑；他山之石可攻錯——錯攻玉成。

○苦痛傷泣，五中鬱悶；滿懷抑結致癌生——生當心曠。

●腳踏實地，功積於成；投機取巧多累敗——敗應改拙。

○放眼塵寰，英豪角逐；歲月無情皆塵土——土中論評。

●貪愛憎恨，皆當舍契；縛束何來自在身——身遊雲霄。

○先能勝己，始可勝入；人能固心學業成——成因無煩。

●拜懺於佛，錯悔垢除；業障解脫心淨明——明不無污。

○夜明水清，魚能讀月；花靜草寂蟬談天—天心我心。

●心無物欲，乾坤淨靜；坐擁琴書聖仙神—神入太虛。

○群居防口，獨坐防心；窮達認命勿怨人—人志不奪。

●松室夜燈，禪味影靜；莎庭春雨道心空—空谷梵音。

○立身處世，先宜勤學；待人接物明理本—本立道生。

●千古奇冤，莫逾岳孫；昧識忠貞死因處—處因時代。

○戰功彪炳，位寵人忌；心秉孤忠難報國—國有權臣。

●小嫌疏親，有昧至親；微怨棄恩人不恥—恥不反哺。

○處家涉世，明察紛多；待人接物須厚道—道德為首。

●金石其心，芝蘭盈室；仁義為友道為師—師法聖賢。

○道心靜定，猶山藏玉；山味清泉水養魚—魚得靈性。

●智順時謀，愚逆時動；賢察明處聖理清—清白留名。

○炙手可熱，不可一世；遽成階囚馴如羊──羊悔則晚。

●壘壘枯冢，茫茫夢境；王侯螻蟻皆埃塵──塵飛了了。

○長夜未哭，難謂人生；身經饑寒始知苦──苦明得味。

●惡性腫瘤，心臟腦管；肺炎癌疾高血壓──壓少清血。

○大以容物，虛以休善；平以論事定應變──變以心處。

●山銳不高，水輕不深；萬里帥氣鋒不露──露愛人忌。

○世態炎涼，難長繫情；權勢傾盡媚必散──散聚無常。

●懷古長嘆，捧史泣下；愛恨交織憤激情──情發感懷。

○家以論情，難以講理；闊不易夫富容妻──妻德夫義。

●豬骨雞骨，加醋薑熬；牛乳蔬菜鈣值豐──豐人骨質。

○丟開名利，明慧悟性；樂天知命心達觀──觀人隨和。

●冷熱過頭，皆非可宜；處本平常不失衡──衡以靜判。

○藥豆炒焦，加糖泡酒；烈性高粱泡一月—治老膝軟。

●人無逆境，不能壯強；身處順境昧苦難—難先知逆。

○單性油脂，損害身體；動植配食益生命—命必壽長。

●酒色財氣，權情私慾；八毒攻身命必亡—亡無淡戒。

○防禍未萌，人必高明；圖患將來其必智—智察遠近。

●聰明之人，以前人戒；愚昧之人用己警—警人戒己。

○心志要苦，意識須樂；氣度當宏言行謹—謹以良心。

●靜坐煉氣，無氣莫作；念頭放下氣蓬勃—勃行自然。

○人在施政，人正政舉；為政不離近中遠—遠程近策。

●皮箱在手，提起放下；權操在握看人為—為所當為。

○果子未熟，早摘難甜；盛情強求必不美—美得雙方。

●心存做事，才德兼俱；志在為官術能全—全看做法。

○人世境地，冷熱逆順；胎卵濕化佛門度——度盡蒼生。

●呱幼弱強，壯盛衰朽；體陰氣淨羽化仙——仙得神陽。

○書香墨香，滿室生香；酒香茶香橘花香——香馨芳鄰。

●時代悲劇，家破人亡；遭遇不幸心懷憫——憫慈在胸。

○得意事來，心處以淡；失意事來處以忍——忍必策勉。

●好逸惡勞，養尊處優；體肥懶動百病生——生樂勤動。

○貧窮泰然，不為折志；辛酸童年知人生——生當明苦。

●情愛情份，情理情操；情慾情事和情結——結情於累。

○萬物養人，人當感恩；報天以德謝神明——明不愧心。

●豪友上元，麗於端午；韻於七夕淡中秋——重九酌逸。

○一身是寶，營養價高；食補聖品數鰻魚——魚多常吃。

●勇猛剛強，力戒火暴；仁愛溫良當有斷——斷必適切。

○急慢盲腸，手術開刀；非先放屁莫喝水——水先必死。

●人念以慈，拯危濟苦；心起以惡毀殺身——身敗名裂。

○人生道上，沿途美景；品評欣賞不負來——來去灑脫。

●生老病死，悲歡離合；窮富壽夭苦樂人——人生旅途。

○仙妮蕾德，人類至寶；聖品係列當須食——食必無疾。

●血汗果實，享受甜蜜；橫財天降仍珍惜——惜未難用。

○人有便祕，不須煩惱；清晨嚼食白芝麻——牛奶同吃。

●因空見色，由色生情；傳情入色色悟空——空空了空。

○無用之用，是謂大用；無得之用為大得——得而不得。

●身心疲勞，感冒老化；異狀發現癌前兆——兆生先除。

○聲色犬馬，吃喝嫖賭；敗身喪德貪官徒——徒皆紈袴。

●欲得淨土，當淨其心；隨其心淨佛土淨——淨必性淨。

○失敗痛苦，痛苦沈思；沉思覺悟人成熟——熟可穩健。

●急要成功，慣走偏鋒；步踏鋼索驚險生——生常失足。

○長期壓抑，性氣難洩；心情鬱悶疾必生——生當調適。

●視人如佛，世人皆佛；看人污穢心必髒——髒非他人。

○人無大圈，事難小圈；大圈小圈權相承——承皆私徒。

●強弱成敗，高低貧富；貴賤尊卑平等看——看法心明。

○深沉靜默，淵博內涵；非常人聖非常書——書著史存。

●擁抱熱吻，味美無限；依舊寒霜內外情——情難一致。

○飲食無節，腦滿肥腸；煙酒戕害病必發——發先除去。

●人若年輕，活得痛快；齡至期頭難熬日——日苦勤動。

○水思源頭，果拜樹頭；不畏三虎怕二心——二語台諺。

●一卷在手，海闊天空；生不寂寞心常樂——樂天知命。

○人生壓力，各有不同；想法殊異心開朗──朗朗無有。

●憂結繞心，何妨達觀；幻想未來必化解──解除心鎖。

○南楚北晉，同為中國；亮瑜合作拒奸曹──曹難併統。

●匹夫一怒，肝塗血賤；元首發怒動干戈──戈血千里。

○入手時代，超乎時代；針對時代善掌握──握住問題。

●乘天地正，御六氣辯；以遊無窮浩瀚空──空靈心情。

○愁苦不解，何須買醉；塵世繁瑣心客觀──觀戰人生。

●成功於果，不必在我；功成於因在其中──中有代價。

○轉彎行路，特重方向；一念踏錯再改難──難將損大。

●寧人負我，我不負人；因人無情但有義──義得世人。

○大石能立，多賴仔石；官位縱高須眾拱──拱無則傾。

●笑談古今，閒話家常；尋找快樂各不同──同志一心。

○地球村內，萬物集聚；善予維護得命長——長短看人。

●潛能無窮，難以設限；終點以前盡發揮——揮發生命。

○身動骨靈，淡節食慾；起居規律朗襟懷——懷開長命。

●山高水潔，松柏長青；竹林深處相隊奕——奕棋談心。

○身無壓力，心必舒服；人有煩苦眉難展——展笑胸懷。

●人世道路，來只單程；雙向車票無處買——買了不退。

○安靜富裕，幸福人求；繞膝固美性獨樂——樂享人生。

●慎摭舊說，參諸近著；不求多聞但有當——當真鑽研。

○採霞滿天，心靈健康；晨曦黃昏看個人——人向朝陽。

●雲鎖峻嶺，紫扉無忌；獨坐幽篁吟詩讀——讀書潤心。

○寒夜客來，以茶當酒；談今論古舌燦花——花滿庭園。

●骨節失靈，身心痛苦；體健氣順樂無窮——窮達知命。

○薏米豬肝，紅白蘿蔔；體重比例同煮湯──湯治腎臟。

●揚威異域，馳騁關外；二星上將孫立人──人無古今。

○行如歸人，心猶過客；舍宜日修不多想──想分長短。

●清白恬淡，油膩濃稠；水能潔淨油必污──污難再瑕。

○娛目山水，放懷古今；人生在世樂陶然──然必心怡。

●年華會老，壯志易消；無情歲月難挽回──回去不來。

○薏米綠豆，千貝海藻；豬腰肝類同煮喝──喝了體益。

●出身維校，奉獻祖國；時代悲劇莫須有──有孫立人。

○在小人中，不容君子；猶滾水裏難滴油──油激爆濺。

●在君子中，可容小人；猶滾油裏難滴水──水分油明。

○叱吒風雲，淡泊隱居；幽居歲月得信仰──仰無浮萍。

●坐看清輝，萬川明月；胸涵和氣四時春──春天花濃。

○明月當空，滔滔江水；舉杯酣飲懷赤壁—壁遠千古。

●至真虔誠，伏地懺悔；感格天心祈禱神—神來應話。

○身敗名裂，多因財色；取寵反辱必自招—招惹是非。

●偏食疲勞，致癌之因；飽食懶墮肥病果—果由疾生。

○盛衰起落，塵世無常；事變人物心無悔—悔難享年。

●慧裏聰明，長奮躍起；靜中滋味有甜腴—腴分酸苦。

○人之靜坐，即是打坐；掃心上地性中來—來坐煉丹。

●人不認命，勤有前途；宿命執著沒出息—息由自定。

○零前無一，零多何用；健康為一零有價—價值人慕。

●赤腳著地，吸取地氣；長曬太陽身無疾—疾去體強。

○腹大體肥，人命絕短；默坐不動臟易腐—腐無早動。

●最大福分，體健平安；為省是非少惹禍—禍因怨起。

○偉人行事，道德勇氣；閒語雜評何去管——管多心煩。

●本於熱情，但宜冷卻；世故純潔須分清——清白做人。

○看報解事，讀史知往；借古鑑今明興衰——衰前徵兆。

●道德性情，學養懷抱；莫以困頓失忠誠——誠心為國。

○各擅勝場，平分春色；勢均力敵難高下——下必有上。

●權勢固有，恩怨必多；家興業隆禍常隨——隨時警惕。

○松受風霜，生命特強；人經苦難始知甜——甜當珍惜。

●散沙凝聚，御必有法；矛盾分化看用心——心向團結。

○虛無頹墮，膚淺乖張；沮喪徬徨難奮前——前途自創。

●假冒偽善，伐譽沽名；居心叵測難相得——得以誠感。

○心有枯寂，易尋刺激；人性反覆冷熱侵——侵入反守。

●風雲難測，禍福不定；處於塵世多警惕——惕心必安。

○有所能為，有所不為；知所可愛知不變——變通看人。

●計劃執行，考核評估；驗收優劣看品質——質高工美。

○誠勤樸慎，穩健團結；利潤回饋顧客先——先人著鞭。

●寒窗十年，為求上榜；科場多少英雄淚——淚盡始甘。

○運不如命，多看風水；世積陰德勤讀書——書明識廣。

●特權世家，應鄙特權；兒孫不驕養平民——民心必向。

○溫暖愛心，冷靜頭腦；開放胸懷拓事業——業興必隆。

●提案辦法，執行檢討；會報紀錄監督行——行必有果。

○為了交際，絕不逞雄；莫以酒醉誤江山——山由醉倒。

●人怕出名，豬畜畏肥；名早曝光見光死——死因招忌。

○寒熱失調，機能老化；先天後天看因果——果無難疾。

●塵世萬物，皆含奧秘；留心觀察學無窮——窮究探研。

○食工宿娛，謂為循環；塵世朝夕是人生——生老病死。

●滿腹恨火，不吐難消；一肚怨氣待爆發——發向天空。

○行政歷練，議會常識；觀察銳敏智超前——前程無量。

●入學從寬，畢業從嚴；進去困難出來易——易看權制。

○人食五穀，難免生疾；後天調理皆可去——去必體強。

●人在溫室，當體寒天；身處炎陽當明勞——勞動工苦。

○看人快樂，未必快樂；身當其境知甘苦——苦經難念。

●非同專知，難謂飽學；角色功能皆可扮——扮誰像誰。

○理工功利，人為機器；人文道德宜平衡——衡以質高。

●安逸生活，人易墮落；力爭上游必勤奮——奮前不後。

○人類品質，高低難平；受教層次見分別——別有級等。

●春光明媚，寒雪冰天；夏曰炎炎秋風爽——爽心難久。

○瓜田李下，人言可畏；閒言閒語應避嫌——嫌生無意。

●歲月無言，主役一切；時序運轉生老死——死復有生。

○政治情結，官場恩怨；人際順逆紅塵纏——纏難分清。

●事遇危險，萬般無計；三十六著走為上——上等謀略。

○雞鴨魚肉，五穀雜糧；腐蝕五臟百疾生——生宜儉食。

●花兒開了，很快凋謝；人生如夢嘆無常——常當看開。

○歲月無情，萬物皆毀；紅塵有愛報親恩——恩知反哺。

●愛恨紅塵，恩怨情仇；萬般事物本恕仁——仁以化解。

○不懂做官，只會做事；只願做個中國人——人人為國。

●只論是非，不講利害；當看順逆非成敗——敗僅一時。

○千年萬載，榮辱皆忘；恨不在世知酌酒——酒多短命。

●眷戀往昔，徒增傷感；常思衰病老淒涼——涼無不慮。

○孤號一把，獨唱高調；感性有餘理不足——足以務實。

●不尊重人，必受人辱；天大地大人莫大——大不值錢。

○人生學問，非在書本；處處留心皆悟情——情關書外。

●富人不愛，窮人沒空；生不讀書何為來——來當飽讀。

○弱非老人，老非多疾；八十九十尚登山——山可年輕。

●蔥薑芥蒜，生生佐品；酒茶咖啡客待人——人生難缺。

○香蕉冰糖，牛肉四兩；分置碗中蒸熟吃——吃治血低。

●杜鵑無窩，產營他巢；子規啼聲傷年華——華年感逝。

○處以平淡，反目無怨；濃以情交別易仇——仇當溶化。

●金錢權勢，名位女色；壽命正寢皆是空——空空何戀。

○山川草木，千里腥風；征馬不前看斜陽——陽關難越。

●仗被人敗，不找理由；戰能得勝看策謀——謀必以智。

○放下丟開，心無牽掛；貪著執迷冤孽障——障有難佛。

●悲歡離合，榮辱得失；恩怨是非皆夢幻——幻生於有。

○躍馬洪山，飲馬長江；金馬鐵戈縱橫揚——揚於沙場。

●憤世嫉俗，只有毀滅；心懷拯世眾皆崇——崇拜其德。

○策馬中原，征戰沙場；革未裹屍歸田難——難在未統。

●創造財富，享受生活；儲蓄精力度人生——生當助人。

○百千法門，同歸方寸；河沙妙德在心源——源出汝心。

●蕩蕩無礙，任意縱橫；快樂不憂故名佛——佛無榮辱。

○窗竹影美，正好吟詩；石根泉甜煮茗茶——茶香樸鼻。

●騰達落泊，顯貴潦倒；塵世人生患難情——情不忘舊。

○聚散無常，珍惜相晤；話盡山雲海月情——情得會心。

●女無不愛，媳皆有憎；願世翁情移愛媳——媳孝翁親。

○遇有困難，能力檢討；事生麻煩法不多——多種對策。
●天鼎地爐，人居其烤；苦樂心境看體悟——悟明無煩。
○天蒼蒼兮，大地茫茫；海市蜃樓沙漠現——現出彩幻。
●人生天地，是乃過客；夢幻泡影一切無——無著於心。
○降低品味，勿我自尊；平淡生活不貪濃——濃豔傷體。
●妻柔易順，親嚴常逆；望順妻心變順親——親恩於妻。
○天簿若福，以厚德迓；天勞我形逸心補——補心則強。
●溝通能力，關乎成敗；上下左右內外情——情通必和。
○結緣了情，塵世妻兒；金銀財寶世上物——物難帶走。
●故國西望，視野茫茫；海峽阻隔望雲天——天亮不遠。
○鄉情闊別，四十餘載；開放探親回家來——來必祭掃。
●不與俗論，要同聖比；非看一時爭千秋——秋花耐冷。

○清梅竹馬，友誼患難；知人知面又知心——心表一體。

●口沫橫飛，天馬行空；中外古今難著際——際得義理。

○一夜東風，桃紅柳綠；萬千樹叢梨花開——開遍大地。

●菩提是樹，明鏡亦台；本來有物處惹埃——埃無難牽。

○倚枕夢遊，江山無限；讀罷掩書品餘香——香味潤心。

●遠離塵囂，欣賞自然；嘯傲林泉看山景——景色怡人。

○一葉飄落，不言秋到；民心向背測興替——替必因勢。

●敢予進諫，雖犯必納；勇以真言必忠忱——忱心測人。

○事能三思，妥處得益；人忍一步怎算愚——愚逞必傷。

●勿以善小，當為不為；莫以惡微多放肆——肆無忌憚。

○宿世智慧，得於小善；千年業障起微惡——惡念不生。

●田園耕讀，性淡塵俗；身處桃源樂無窮——窮非山水。

○金石金蘭，八拜刎頸；忘年布衣交莫逆—逆非酒肉。

●胸涵百岳，腕底雲煙；坦蕩空靈潤山水—水中倒影。

○雲浮水面，魚疑似網；月掛天邊鳥驚弓—弓影如蛇。

●干戈四起，爾虞我詐；擁權奪勢各逞雄—雄益於眾。

○剃度出家，遁入叢林；自渡渡他大小乘—乘願濟眾。

●泥土花蜂，命僅六週；生死築巢庇後代—代代相循。

○益友損友，德人小人；塵世利害應擇友—交益去損。

●性見貞松，水悟天真；情得翰墨客茗香—香味撲鼻。

○人愈艱苦，生愈精彩；事越困難越顯榮—榮必人敬。

●阮囊羞澀，床頭金盡；窮處鬧市無近親—親論難財。

○淪為錢奴，縱富猶貧；陷於圈套虎如羊—羊難為雄。

●來台記者，歡度中秋；兩岸齊唱統一歌—歌內春秋。

○興致勃勃，意興闌珊；兩種心情一樣月——月看不同。

●百年世事，猶如春夢；美人英雄曇花現——現了難久。

○立足台灣，胸懷大陸；放眼天下看寰宇——宇宙同一。

●心靈洗滌，得明宗教；淨化生活知攝養——養性怡情。

○生老病死，無人能替；酸甜苦辣自承當——當心老命。

●容共聯合，北伐抗日；三次協商為國統——統以文化。

○春看楊柳，秋見菊黃；榮華富貴九月霜——霜來無常。

●清濁并色，善惡兼容；河海泰獄水土納——納入好壞。

○身正避邪，心端魔遠；行為光明鬼神驚——驚不敢近。

●淡薄慾望，寧靜心神；四肢勤動機能活——活能充沛。

○科技興邦，教育立國；民主治事自由人——人民至上。

●同窗同事，同教同役；同鄉同志和同庚——同名同姓。

○泡沫浮游，旋起旋消；塵世興衰看人物──物本無常。

●一人得道，雞犬昇天；子孫修佛祖皆仙──仙由人超。

○貧富貴賤，好惡美醜；榮辱得失死前消──消無業障。

●血能冷卻，頭腦心清；性不熟燥心始明──明事妥處。

○擁有財富，利人益己；掌握權勢為人群──群眾至上。

●達摩慧可，增璨道信；弘忍惠能禪脈傳──傳於心印。

○天地萬物，行有定則；人立塵寰何例外──外難獨生。

●人非草木，石尚點頭；說佛論道誠感人──人恆志成。

○辦學十年，不佛亦佛；捨身濟世必菩薩──薩學地藏。

●多種福音，廣修福德；因緣成熟福報來──來必善果。

○人久則厭，事久則疲；處久則傷務相忍──忍能奏功。

●婚喪貴賤，交情人顯；窮愁潦倒友不跑──跑了非友。

○奸詐為人，焚香無益；處世正直何須拜──拜求心安。

●時移勢換，飽嚐冷暖；得失成敗時有別──別分天地。

○靜坐禪房，胸無俗事；善觀自性了本心──心斷物癡。

●於相無相，於念無念；於心無心去必悟──悟了了了。

○心靈享受，高於一切；精神愉快勝仙佛──佛要人修。

●勒馬長城，痛飲黃龍；當年英雄難今昔──昔非今比。

○與人爭鬥，不傷則毀；理事無求心平安──安得福來。

●恩施四海，澤被萬民；造福人類生勞瘁──瘁為偉人。

○執著三毒，四相物欲；六塵攀緣有難悟──悟得去除。

●乾坤塵埃，春夢朝雲；人間戲台今古演──演花非花。

○貪瞋癡愛，苦有生煩；捨棄丟掉必得樂──樂從無起。

●苦樂皆修，先以苦得；臨去寂然超三界──界無所戀。

○坐斷乾坤，肩擔日月；禪師開悟驚人語—語含自由。

●堯置諫鼓，舜立謗木；聞過則拜數子路—路人欣德。

○情到冰點，以愛溶解；路走盡頭另闢徑—徑非一條。

●人過花叢，葉不沾身；蓮出污泥無染塵—塵中無俗。

○得佛淨土，先淨自心；己心能淨是樂土—土淨人淨。

●心外無淨，但求明心；為而不為非不可—可得三昧。

○人欲成佛，須修參禪；參禪可養菩提心—心妄則魔。

●道在聖傳，佛本自修；德因人積命由天—天人合一。

○世物無常，應習為常；時序移轉歲月新—新舊交替。

●身處百忙，心當冷靜；人在塵寰無物慾—慾少難煩。

○超人封鎖，活埋史跡；恐龍世紀萬千屍—屍體無蹤。

●公私合營，人民公社；鎮壓反革命運動—動必頭落。

○立足蓬萊，放眼神州；胸懷大陸求統一——一定達成。

●富如可求，人皆大享；窮若能送無勤人——人當反求。

○肉血水骨，黃紅明白；五臟六腑是彩色——色為舍利。

●水火相濟，氣守丹田；精足神旺邪難侵——侵因內虛。

○三反五反，反右肅反；文革四清大躍進——進入反殺。

●世上事物，說來簡單；道理弄明順著行——行必舒服。

○富貴宅第，朝夕惕勉；貧賤家庭應鼓勵——勵勤必富。

●恬淡虛無，真氣使然；精神內斂疾何來——來必種因。

○塵俗凡人，死無舍利；高僧大德戒定慧——慧產奇物。

●志高氣傲，人難矯命；雄霸胸懷天忌才——才大遭嫉。

○自笑平生，豪氣凌雲；策馬江湖性懍然——然必識廣。

●武不畏死，文不愛錢；為官清正必得眾——眾難推倒。

○將相無種，德才始為；聖賢有學易稱專——專得眾欽。

●樓容我靜，塵任人忙；湖山清泉洗俗凡——凡夫難悟。

○無故騷擾，人生厭惡；有德君子不屑為——為必難安。

●晴空萬里，狂風驟雨；變幻無常宇宙情——情難由心。

○殘月朦朧，寒雨瀟瀟；嶮厄備嘗嘆人生——生在江湖。

●承勢接緣，得眾以和；學貴古今天人合——合必御群。

○紅塵有幸，容人為客；佛法無邊渡世緣——緣生則聚。

●心有不甘，情非所願；事悖常理令人感——感含難解。

○法塵影事，心無間掛；人間佳節好時光——光明淨土。

●業從心造，消業從心；佛曰高照孔雀法——法化業消。

○怒時反笑，陰險莫測；虎行狼視心多詐——詐無善類。

●橫財縱得，命窮難享；妙藥雖有不孽病——病寃行德。

○廉明公正，心行固美；人到無求性多傲——傲難應事。

●身處斗室，胸懷天地；運籌帷幄在方寸——寸心當明。

○置身痛癢，隱處立現；易地甘苦事知明——明必情同。

●禮義廉恥，律己無過；用以責人必寡合——合群宜理。

○遊心物外，不為事縛；海闊天空自在人——人法自然。

●般若如水，能洗垢穢；清淨身心悅自得——得無人苦。

○無端取鬧，人不應該；有理讓人是德人——人必丈夫。

●正氣歌詞，滿江紅曲；千古愴懷鬼神驚——驚醒族魂。

○性養極處，錯非世人；情察深微方見心——心胸如鏡。

●智不怒人，故少煩苦；愚懷恨憤多鬱病——病因無宥。

○聖賢豪傑，立志勤學；有道名士不外謙——謙中得玄。

●漢得四皓，唐有王通；宋初陳摶明屈四——四朝奇人。

○玉兔東升，金烏西墜；地球輪迴一日完——完了沒完。

●福田慧根，定靜參禪；亮節盛德誠致儒——儒得忠孝。

○有罪覆蓋，罪則增長；發露懺悔立消滅——滅了心淨。

●蓮花石中，八功德水；洗滌消除人業障——障丟心潔。

○日月兩輪，天地有眼；詩書萬卷聖賢心——心合乾坤。

●浩然正氣，唯孟能養；深湛沉思數楊雄——雄得義理。

○巧於用智，拙於用力；處窮行險非人為——為當以德。

●事無企圖，腳步必停；人有野心眾皆防——防分內外。

○梅邊石古，松下石拙；竹傍石瘦盆石巧——巧景石奇。

●歲月無情，花果凋零；江山依舊人事非——非常變局。

○滿山楓葉，萬壑杉濤；首都棲霞何日遊——遊憶當年。

●難容之事，能容偉大；可笑之人不笑德——德人涵溶。

○著作付梓，顧書感卑；常愁不名難人讀——讀看內容。

●學生在校，書當苦讀；晃盪歲月浪人生——生分得失。

○珍花奇樹，怪禽異獸；亭台樓閣非人間——間外桃源。

●急人不急，急人必壞；急事不急急壞事——事急必壞。

○品嚐孤單，享受寂寞；鐐銬滋味人難體——體驗憫人。

●人在年輕，沒啥何奇；問題悟透各齡層——層次當明。

○嚎啕痛哭，外傷易治；沉鬱不語內傷難——難情吐醫。

●幸災樂禍，心態不正；見義勇為平人屈——屈人得伸。

○巨額財富，豪門別墅；為神宣教皆願捨——捨入不毛。

●當提則提，當放則放；體如皮箱提放得——得心逍遙。

○山窗靜如，無聲之晝；水闊虛似不繫舟——舟止不風。

●幻滅之苦，一時飽嘗；捨舊立新從零起——起頭規劃。

○詩文欣逢，當世興盛；人能參與皆雅士——士以武得。

●酒色財氣，人擁一好；喪家敗身綽有餘——餘不惹身。

○慾海難填，愁城難攻；公心易平公理易——易張人服。

●神彩飛揚，花圈滿項；國際殘障藝不殘——殘體非心。

○時代冤情，總得平反；不容青史盡成灰——灰久難平。

●工商都會，大廈林立；富人天堂窮地獄——獄難求生。

○雪塑菩薩，一片冰心；雨林羅漢眼淚假——假仁慈悲。

●少應力學，老當有識；老無識苦恨不學——學之於少。

○感恩爸媽，生有人身；知入牢恥勤耕讀——讀明做人。

無水平　行道有德
人類之神
有水平　違仁悖義
人類之鬼

韓振方 著

人生智庫 塵海微語

第八冊

中華民國丙戌年 國父誕辰於東海蓬萊仙島——台灣

○天地壯闊，大漠茫茫；長城萬里雄江山—山色中華。

●夕陽晚霞，無限遐想；一輪明月照天心—心通宇宙。

○豈畏浮雲，遮住望眼；只幸身置此山中—中不迷路。

●禪不是禪，坐不是禪；人謂禪坐究指何—何言坐禪。

○天生萬物，滋養眾生；人不忘恩答報還—還當謝德。

●竹影錦鯉，荷香滿池；詩書畫情茶當酒—酒友談心。

○策馬東西，江山萬里；半生南北風塵忙—忙為名利。

●亭榭迴廊，假山魚池；無限天地桃柳綠—綠水揚波。

○聖有三寶，慈悲為懷；儉節樸實不入先—先省自德。

●明月當空，亮晚非晝；或缺或圓缺又圓—圓無常圓。

○心好命好，富貴到老；命好心歪福將去—去必禍來。

●戎馬疆場，縱橫江山；解甲歸隱養餘年—年不虛渡。

○塵世萬般，自忙中老；來生只在當下修——修德造福。

●宇宙之大，塵埃之微；精心營造小天地——地球人類。

○人在幼時，輕視歲月；身將老去嘆悔晚——晚觀彩虹。

●世上歲月，忙人難得；天下知己舊情親——親因得心。

○心懷古人，自感愧對；幸生今生難無情——情愛眾生。

●知足惟有，天可依恃；無求當為世所容——容不人棄。

○虛以致和，靜能生悟；仰以察古俯觀今——今昔在心。

●世人常將，憂鬱埋心；病發身亡難同情——情忘何疾。

○腳踏寸地，頭頂片天；眼觀週遭心難廣——廣得超然。

●福享猶燈，點亮耗竭；修德添油來世好——好積陰功。

○五湖四海，日收月積；胸中丘壑起煙雲——雲山盡得。

●少應力學，老當有識；老無識苦恨不學——學之於少。

○富有病中，反慕貧健；貴處廟堂心慕閒——閒人逍遙。

●北京消血，台北流淚；海外悲憤共協手——手滅暴政。

○人性失了，民心丟了；專政暴虐無人權——權操獨裁。

●天安廣場，民主烈士；千萬人頭一日亡——亡必暴政。

○天地戚戚，草木含悲；人民軍隊殺人民——民起滅軍。

●暴行屠殺，人神共憤；世界震驚齊哀悼——悼念中國。

○為爭民主，酷愛自由；如此這般竟屠殺——殺了難了。

●悲憤怒火，燒滿中國；自由女神遭毀倒——倒了必起。

○北京城內，狂歌哭號；天安門前以血祭——祭死同胞。

●民不畏死，何以殺懼；前人倒下後人來——來爭民主。

○天安難安，門堆屍山；人民淌血暴政亡——亡必專制。

●血緣血援，血脈相連；彼岸缺血比岸援——援緩胞死。

○千夫所指，各國譴責；專政暴行不可恕——恕非獨裁。

●全球華人，發出怒吼；聲討暴行齊連心——心手相牽。

○學運民運，為爭民主；獨裁棄權民自由——由民作主。

●中華民族，慘烈千秋；六月四日民主日——日當國強。

○野蠻殘酷，愚昧黑暗；落伍獨裁保守派——派無用場。

●自由萬歲，人民萬歲；打倒專政行民主——主為民主。

○文明古城，淪為煉獄；自由怒吼嘆學運——運動全國。

●天安廣場，腥風血雨；軍頭老邁仍爭權——權棄無命。

○民主火花，點燃北京；自由種子遍中國——國當富強。

●民主女神，重豎台北；中華兒女一條心——心爭自由。

○六月十四，降旗致哀；台灣同胞祭烈士——士氣不喪。

●學運領袖，泣述始末；中華民族必然興——興看柴玲。

○海棠鮮血，民主印記；歷史傷口永難復——復先自由。

●一九九八，六月四日；炎黃子孫難忘曰——曰念洗涮。

○行事無格，雖親亦怨；話中含理仇亦欽——欽人正言。

●民運學運，華人響應；自由民主救中國——國無獨裁。

○平衡循環，對稱和諧；易經方陣左右轉——轉由因果。

●生別人氣，無異懲心；怨人過失折磨己——己恨傷身。

○體輕氣盈，心抱慈藹；合天棄物物無物——物外忘我。

●幸福樂觀，非託命運；人事安危須自籌——籌由先謀。

○欲要人正，必先自重；事要工美得自策——策當週密。

●暴君屠城，中外皆憤；千古留下悲慘情——情難自滅。

○豪氣凜烈，中外人欽；身阻戰車王維林——林泉慰靈。

●優遊塵世，心超天地；胸懷仁德享永年——年逾千歲。

○身屬五行，相生相養；七情六慾是人道——道外天道。

●楚漢相爭，羽刎垓下；漢奏楚歌軍心散——散勇思鄉。

○懷霸王勇，藏諸葛謀；縱橫捭闔摻情勢——勢分明暗。

●宦海翻滾，洞察事世；見解答問練達情——情表幽默。

○秉於佛念，覺性不斷；財色名利豈動心——心持如如。

●友賴情感，不靠應酬；事本圓通豈在權——權大人忌。

○烏鴉反哺，羊食乳跪；萬物德親人效法——法其報恩。

●中華民族，團結禦侮；八年抗戰終獲勝——勝在歌曲。

○養身在動，養心在靜；養生在補營養均——均衡食品。

●何來一物，那有塵拂；心若明此坐啥兀——兀兀則愁。

○簿紙乙張，情意萬千；誕辰節日以卡候——候問心感。

●哀哀父母，生我劬勞；昊天罔極棒德恩——恩恩反哺。

○樹靜風止，親在子養；父母在堂是活佛—佛門生輝。

●恭敬職事，敝屣其位；庶正光明辯無礙—礙有難行。

○利害相關，酌情斟勢；政策矛盾看立場—場地易明。

●世物奸壞，多出私欲；淡然不囿非拘執—執必受縛。

○單打獨鬥，競奔紅塵；成敗榮辱看努力—力借眾成。

●受到深處，雙無怨尤；情生極點難述明—明於倆心。

○萬馬無聲，秋風塞月；一燈有味夜窗書—書中藏玉。

●利害衝突，政策抵觸；路上絆石必剷除—除非退隱。

○猝然迫臨，心甭驚恐；無故加辱人不怒—怒必動性。

●聚散無常，何必憂喜；苦樂在心在感受—受有智愚。

○乍於窮富，皆受評忌；得於非得心難安—安必正當。

●金煉盾精，刀磨刃利；人經憂患性老練—鍊達通情。

○美人顏色，千絲華髮；大將功名萬馬蹄—蹄聲卒亡。

●故宮文物，上下古今；五千年神遊眼福—福在中國。

○鴉鳴鵲噪，傾談禍福；燕去雁來敘春秋—秋臨冬逝。

●迷惑矛盾，人尚未悟；明心見性悟己得—得於自然。

○洪門弟兄，忠義為尚；四海昆仲前協力—力復中華。

●薪火相傳，繼五開來；復興中華有洪門—門皆忠義。

○洪門第兄，皆謂龍虎；江湖道上稱雄豪—豪氣千秋。

●八月十五，日本投降；九月九日何受降—降在南京。

○文王玉版，不給謬鬲；費仲無德文王付—付惡滅紂。

●世界洪門，集會台北；紀念國父中山堂—堂中宣言。

○中華民國，國父手創；傳於萬古擷國人—人皆炎黃。

●大陸開山，首推國父；領導洪門建民國—國行民主。

○反清復明，神州重光；洪門第兄為先鋒——鋒銳難當。

●自由民主，統一中國；四海同心看洪門——門無派別。

○心煩視弱，悶喪憂怒；酒醉勞疲不開車——車毀人亡。

●孰讀經傳，根底深厚；常看史鑑事理明——明白興衰。

○春溫夏熱，秋燥冬寒；春雞夏鴨秋燕窩——冬羊肉補。

●賢人處世，曰必三者；君子立身有九思——思無難塵。

○天有三寶，日月星辰；人有三寶精氣神——神充力壯。

●不積寸步，難至千里；能滙細流可江海——海容巨徽。

○閒氣不生，無聊不為；學禪吟讀度晚年——年年生輕。

●眼望雲天，心境開朗；人去嗜慾胸懷淨——淨身無疾。

○道重虛無，擇引渡人；佛分色空普濟世——世人信渡。

●屋連湖水，琴書能潤；窗近花蔭筆硯香——香風十里。

○疾凍貧饑，身當則傷；權貴權勢擁無悲——悲難下場。

●將軍華誕，長屢祝嘏；往事不堪屈在心——心如皎潔。

○有德立言，無求品高；立身處世看作為——為可當為。

●世由佛造，遠煩近淨；人建塵寰多苦污——污先心明。

○高樓大廈，心愁則窄；茅屋草舍人樂寬——寬由識廣。

●宇宙無窮，願力難盡；海天遼潤心胸廣——廣窄看己。

○情不在厚，心通為先；理豈言深達為主——主本事成。

●心不妄邪，端坐明性；空蘊淨根形相除——除了禪定。

○酸澀苦辣，無以名味；人生涉世多品嚐——嚐必憶感。

●日食可飽，夜眠有床；心隨住安樂陶然——然必知足。

○漂亮於表，不苦心美；健康五臟勝體強——強先於腑。

●情緣法緣，人生結緣；罪帳業障皆無障——障由心消。

○涉身於世，對人事物；衡情論理當依法—法由人定。

●以情感人，以理服人；以法治人靈活用—用在事通。

○笑口常開，甘苦不計；納憂表善算高明—明在內心。

●機裡藏機，變外生外；智巧藏恃應達權—權宜處置。

○閒愁難遣，不遺心愁；閒氣易生不生無—無限襟懷。

●勿責人過，不揭陰私；忘掉舊惡可養德—德有遠害。

○為善不染，行惡勿濁；清靜妙法法無邊—邊去無礙。

●做人敦厚，治事鋒利；太厚通鋒皆非宜—宜其事功。

○爾度春天，他過寒冬；人生際遇過不同—同為生存。

●冷暖觀人，冷耳聽語；冷情當感冷淨心—心通天地。

○白雲蒼狗，滄海桑田；春去秋來變無常—長難人事。

●養兒防老，不可太望；儲穀防饑先蓄金—金有全有。

○即刻開悟，一世解脫；觀音法門最圓通—通向清海。

●狂傲偏激，頑固不化；卑屈怯懦燥難安—安可成事。

○禪如符雲，逍遣十方；禪如清泉沐身心—心明必淨。

●禪心閃閃，白毫放光；全神貫注有妙理—理通人悟。

○化能生慧，慧人性中；悟法得法悟佛成—成佛因悟。

●智鏡同轍，萬有一如；一如萬法輪常轉—轉法於心。

○雲似山峰，江無玉帶；明月今古看不同—同心現月。

●禪如麗日，光彩奪目；禪如明月圓無缺—缺難有得。

○禪定現心，現心無我；禪定現法法無物—物我兩忘。

●熟能生巧，巧能生妙；妙中開悟悟生化—化能生慧。

○頓悟實證，證實理明；明理事融法圓通—通理則明。

●印心禪法，無上妙法；千載難逢心解脫—脫於印心。

○瀑流飛沫，山閣深沈；相坐無語味更長——長白淨心。

●翠微霞影，倒映泉溪；吞吐層巒是白雲——雲淡風情。

○石壁層巒，半空飛瀑；獨坐看松聽翠濤——濤聲潤心。

●胸中邱壑，筆下雲煙；丹青聖手各千秋——秋月長輝。

○白雲怡情，泉水潤心；閑看青山不忍歸——歸與天合。

●微笑於表，難謂高興；人在生氣心得意——意念在悟。

○事與人關，得先算過；物非己有勿苟取——取了惹煩。

●山勢突兀，瀑泉聲揚；白雲瀰漫樹鬱蒼——蒼茫迷濛。

○策杖探幽，山深翠濃；泉聲風送雲競峰——峰巒爭秀。

●長對青山，山不改顏；敢請老時反問閒——閒心得壽。

○湖光山色，臥船吹笛；一片閒情看夕陽——陽關古徑。

●理真氣和，義正辭婉；境由心造事人為——為必以善。

○人生於世，孰謂無敵；德由敵讚是人雄——雄得心靈。

●樓堅房固，在於棟樑；人身健康賴脊骨——骨強氣足。

○雲月盈池，魚兒戲水；天虹貫榭蠑穿花——花簇滿園。

●書山有路，以勤為徑；藝海無邊韌作舟——舟行雲端。

○文字百家，金石為先；胸藏河山在心園——園景無限。

●父母如弓，子女猶箭；手左右擺失隨射——射必因引。

○人的親友，常難相聚；不忘連繫總是好——好當感念。

●整骨療法，力學原理；矯正結構復舊位——位以手技。

○池畔無燈，但憑月照；山門有鎖雲難封——封了心開。

●守身如玉，婦女美德；窮不改志德人風——風範世崇。

○走向陽光，掃除陰暗；行事磊落心坦蕩——蕩蕩乎人。

●走出陰影，忘掉創傷；心情放開宇宙闊——闊胸明朗。

○塵寰春風，淡酒一杯；江湖寒霜念年情——情有雜味。

●立定志氣，看準時機；掌握方向往前行——行得不餒。

○美麗浪花，因己掀起；狂風暴雨必遠揚——揚波無痕。

●忘掉優點，掌握弱點；穩健前跑必得勝——勝摻在己。

○天主神父，基督牧師；佛教方丈回阿訇——訇傳神音。

●萬般悲苦，力持鎮靜；激情內斂不失禮——禮宜合理。

○簿身厚志，畏榮好學；直道正辭砥節行——行必廉公。

●苦讀默記，中外名著；專門知識莫放過——過了必悔。

○人類征程，難再迴旋；死生去來不可能——能豈再生。

●紅得發紫，美得出色；塵世浪潮易失場——場地難容。

○血氣之大，怒不可有；義理之大怒豈無——無則失情。

●江上清風，山間明月；紅花碧草由園美——美麗人生。

○萬夫難當，英勇氣概；一事自得豈縈懷—懷滿難進。

●無求品高，無事身輕；官途險巇多陰溝—溝淺翻船。

○人無國籍，生必痛苦；民不愛國受人侮—侮無團結。

●紅塵眾生，性有異同；私猜移忌心少公—公先於私。

○政客起落，毀滅發紫；叱咤黯然各千秋—秋雲詭譎。

●綠豆洗淨，夜泡濾乾；沸水沖泡當茶飲—飲利肝症。

○烽火歲月，悲歡離合；酸辣苦甜滋味多—多少傷痕。

●您逗我氣，我給人氣；他若生氣必中計—計授傷德。

○莘莘學子，芸芸眾生；競馳紅塵忙不休—休閒養體。

●憂國志士，愛國情摻；殺身成仁以報國—國先於家。

○澈底無望，前景光明；際遇轉捩悟人情—情看得失。

●綠豆泡過，白米各半；下鍋煮熟當乾飯—飯強肝臟。

○氣節抱負，難隨波流；遠離紅塵隱山林——林園逸情。
●事望能得，到頭落空；若非堅強難了生——生當淡處。
○鬱鬱紅塵，悠悠歲月；天宇無際沈遐想——想望將來。
●憑吊古跡，觸景傷懷；興衰起落各千秋——秋去冬來。
○山中甲子，難算時光；人世歲月有限長——長年非人。
●遙想當年，鐵馬金戈；沙場征戰煙塵揚——揚於殺伐。
○抬起腳步，叩著山徑；輕快律動聽鳥鳴——鳴音悅神。
●營養過剩，百病之源；生活舒適心臟多——多因體重。
○橫禍猝來，災殃莫測；臨難處變看人生——生本穩健。
●宇宙之外，另有宇宙；浩瀚太空數太空——空空難了。
○陽光藍天，碧海沙灘；柳影風帆鳥飛翔——翔於天際。
●一生褒貶，千秋功罪；當代後世去評斷——斷其德澤。

○煙靄昇騰，山澗花草；風中搖曳逗人爽——爽心悅目。

●基督阿拉，佛祖孔老；福以依附強利用——用祂招牌。

○心胸坦蕩，公私坦然；俯仰天地無愧人——人心平淡。

●人到中年，骨質流失；多曬太陽常運動——動不倒縮。

○清風識字，故常翻書；人若受譏始反諷——諷含雅致。

●學術崇儒，政治崇法；寬猛相渝刑禮行——行必公平。

○欠缺庭教，醜名惠傳；心術不正行必鄙——鄙無勵品。

●懷遠親情，羈旅沈思；仰視名月念鄉人——人戀故土。

○骨質疏鬆，人身變矮；牛奶豆魚乾多食——食增骨硬。

●雞骨魚骨，豬骨牛骨；燉湯徽醋增骨髓——髓多人強。

○大鵬沖天，翔飛太空；遨遊環宇看八荒——荒漠甘泉。

●靦顏無恥，深諳厚黑；驕佚濫權貪婪徒——徒擁人形。

○空山靈開，淨心神淨；跌落紅塵論現實—實難論虛。
●怒濤緯手，挽船前進；險難激流穩舵行—行不退後。
○斑竹一枝，千年淚滴；白雲萬載空悠悠—悠久難耐。
●整個宇宙，是座舞台；先知先覺編導演—演於眾生。
○目標嚮往，策略千萬；前進路上各不同—同心追求。
●虎毒食子，古今未聞；烏鴉反哺報親恩—恩不仇償。
○太陽系中，有個地球；宇宙太空系難數—數難有人。
●心懷巨測，積忌疑詭；枉顧大局圖私慾—慾逞船翻。
○竹各竹器，竹書竹藝；竹食竹屋無竹俗—俗人難竹。
●衰時困苦，皆起盛積；老來病纏因少損—損無保元。
○冷靜沈著，站穩腳跟；韜光養晦善守拙—拙不當頭。
●天涯漂泊，人海浮沉；塵世浪滾常為客—客分美醜。

○自人界中，叢生萬物；礦植動物地球裏——裏內千秋。

●逗生青春，不可手揄；荀菜蔬果宜多食——蛋白擦臉。

○世亂生存，看人智慧；身處絕地多餓殍——殍屍遍野。

●商優則仕，資多競選；無錢有才人出頭——頭角崢嶸。

○傲骨嶙峋，望若神仙；和風麗曰性中天——天下聖雄。

●徜徉江湖，漂泊四海；茫茫天地一沙鷗——鷗生雙雁。

○戰陣廝殺，鬼哭神號；瞬機萬變難捉摸——摸了必衰。

●拉腿彎腰，筋不倒縮；捏頭錘臂心臟強——強眼有神。

○太平盛世，民理生業；各本所務競前程——程路坦坎。

●生無所適，寂寞必來；曰在奔忙心怎閒——閒了難安。

○耿耿丹心，為國憂民；筆鋒慧劍斬寇仇——仇不尋私。

●雨露風霜，歷遍世亂；回首前塵多悵惘——惘然無得。

○心淨清朗，渾然忘我；閃爍光芒照靈台——台上非影。

●宿因頓悟，一切恍然；光明前引任飛翔——翔於靈台。

○詩心畫意，靈眾湍湧；秋水長天外里清——清山不老。

●結緣紅塵，認清生命；萬里江山待君遊——遊必愛護。

○自無誠感，又乏知明；反謂世險人心詐——詐先責己。

●生宜幽默，死要安祥；活本健康身須動——動於山水。

○身繫泳圈，難成泳將；事託人做永不成——成必以己。

●畫含詩情，空靈氣眾；名山入畫千古傳——傳於後世。

○生命原野，無限遼闊；江山美麗任君賞——賞當珍惜。

●物求全盛，事求全美；心求全足萬難有——有美有醜。

○飾貌矯情，裘己隨人；修容整禮非本形——形以原美。

●只懂朗誦，不會吟詩；拉長臨摹難當家——家由自創。

○相處於人，不可合污；權要相的本平民——民以心淡。

●培養性趣，可成宏業；欲事有得必專心——心無別務。

○一念瞋起，盡毀功德；百善開啟勿花香——香傳世間。

●沮喪灰暗，失落空虛；徒增黃昏感懷情——情當自情。

○大圓覺時，心即是佛；廣莊嚴處佛即心——心佛本一。

●一言九鼎，乾綱獨斷；觀察敏銳決心快——快因智明。

○天下紛紛，人心沸沸；塵世擾攘局難安——安得心淨。

●能決大疑，始成大功；欲得大功必決疑——疑多紛心。

○江山明月，得閒便宰；琴棋書畫習必藝——藝林傳頌。

●忘掉煩惱，淨心向前；欣賞情趣世上物——物有萬千。

○理讓三分，天下太平；話留半句無遺症——症有必悔。

●大肚能容，笑口常開；是非恩怨皆可了——了了可佛。

○英雄稱霸，今昔不同；江山人才境不同——同想出頭。

●學佛道讀，首得正心；正己正人萬物定——定心人悟。

○境到絕無，人處則好；禪從未有我前參——參到忘我。

●翠竹黃花，皆得佛性；清溪皓月照禪心——心淨可佛。

○孝起於家，忠顯於國；澤惠於眾威如山——山高水長。

●戎裝畫師，將軍雄奇；驊騮馳騁橫戈時——時惜當年。

○如意如意，人我如意；先如人意再如意——意如如意。

●治心不亂，先內及外；心正治人身正化——化人及物。

○風中勁草，嶺上寒梅；亂世忠奸宜分明——明人得辨。

●賓如碧海，能洗萬物；人似清蓬不染塵——塵俗不塵。

○器容天下，文得後世；功蓋當時流萬古——古今完人。

●洽到好處，不宜過頭；留有餘地寧不定——足了易驕。

○整個世界，搭座舞台；男女演員您我他──他下我上。

●悲歡離合，世事虛幻；生旦淨丑人生戲──戲由人演。

○子非演員，安和苦樂；舞台上下演有異──異別在再。

●東瀛日本，藥有長生；秦派徐福帶童取──取不返國。

○個人價值，感情思想；行動福祉看貢獻──獻出生命。

●反對專制，不要獨裁；民主自由內外爭──爭看北平。

○一九八九，五月二八；全球華人同步行──行向團結。

●上台下台，泰然處之；身處江湖難由人──人決自己。

○元朝帝國，發航征日；颱襲鷹島全軍沒──沒靠九洲。

●天安門前，風雨千秋；國人怒吼爭民主──主要自由。

○聖心無常，以民為心；孰順民心天下得──得民則昌。

●天安門前，自由神像；八大學院齊獻力──力僅五日。

○五八天工，時代將了；天罡下界轉乾坤——坤宇一統。

●驚天動地，震撼環宇；示威絕食爭民主——主任工學。

○春明花笑，夏署風清；秋耀金華東冷梅——梅綻花開。

●秋光月貌，宜摻粧淡；東無高松并秀長——長天一色。

○任能行善，宅第平安；積德永懷君子風——風度人仰。

●功以求官，學以積德；官無為私德永昌——昌延子孫。

○血脈相連，兩岸對歌；龍的傳人同步唱——唱出自由。

●牽手連心，全島嚮應；基高學生手心連——連向北平。

○春日園林，花團似錦；夏朝亭外氣飄芬——芬芳千里。

●梅綻春曉，竹報平安；菊耀金華松長青——青心淨意。

○萬事皆緣，隨遇而安；人不強求順自然——然必得福。

●人無百好，花難常紅；世間筵席不常開——開了必散。

○舊皇固去，新帝又來；專制交替苦了民——民生難生。

●高唱意識，征伐異己；逼清二白改華行——行手其晚。

○肝膽相照，共結成敗；人生樂隊獨難唱——唱無和音。

●槍聲四起，血流遍地；北平到處鬼神吼——吼滿中國。

○血紅紅血，人民流血；血染神州北京城——城內怒吼。

●北京屠殺，南京屠城；內外有別各不同——同樣殘暴。

○殘暴憤怒，哀痛悲傷；中正堂前齊悼念——念死不辜。

●台灣寶島，自由民主；國強民富人享福——福民在政。

○屠殺血洗，殘酷慘烈；六四天安門前屍——屍駭無存。

●歷史傷口，人類悲哀；血灑大地看中國——國民何辜。

○中華兒女，一致覺醒；世界國人齊協手——手牽連心。

●華夏神州，草木同悲；烽火連天看北京——京內人苦。

○中華學生，海外僑民；同聲譴責殘暴行——行為可悲。

●山村生活，林泉溪水；寧靜花園咖啡屋——屋內仙景。

○人有貢獻，受世崇仰；建廟供奉尊為神——神佑一方。

●田園美景，無不受慕；班光水色身心爽——爽因無染。

○人無技藝，謀生無門；遊手好閒生何趣——趣有工作。

●威武一時，英雄氣概；屠殺猶太希特拉——途窮自殘。

○窮途末路，戰敗屠城；地下室內同娃死——死不俘辱。

●穿山甲人，血淚一生；罕病複雜難究明——明白因果。

○生也有涯，無涯惟知；逐物名利宜適可——可為則為。

●傲岸林泉，咀嚼技藝；藝果載心性有寄——寄以養情。

○個性耿介，迴異世俗；漫遊山水嘯傲得——得其所在。

●身處榮悴，頡頏魚龍；奮求名利得志堅——堅非詐取。

○命有時盡，智物無限；抒發靈性豁然朗——朗朗乾坤。

●鑰匙代表，一種權力；身為男兒當擁有——有否看人。

○眉頭一鎖，鎖匠難開；惟有愛匠始能啟——啟笑心房。

●人世之苦，莫逾貧病；人生之樂花燭夜——夜夢皆幻。

○几可有相，皆是虛幻；世間萬象莫執著——著必心苦。

●迷被眾生，愛他人度；悟度眾生皆來度——度盡眾生。

○父母吸毒，雙雙勒戒；兒女無辜誰照拂——拂悲難全。

●一棵朱粒，一條瓜果；農民心血汗多少——少難入口。

○人知感恩，天地之賜；生有身命活到今——今世何報。

●該來的事，一定要來；是禍是福躲不過——過非積德。

○找到彼此，心該歡喜；喜無齟齬度終身——身當珍惜。

●東西吉林，野琴稀品；白山黑水松花江——江山寶物。

○榮身一世，草木同朽；昧德惠人誰之曉——曉非建功。

●九二共識，一中各表；國名暫止待選後——後定國號。

○中華民國，國父創建；蔣公首倡聯合國——國是中國。

●中美英蘇，創建聯國；兩岸選後定國名——名由民定。

○中華民國，國名暫偃；選後布揭歸正名——名為中國。

●中華人民，共和國名；暫進入聯合國代——代表一中。

○今日兩岸，誰代一中；惟在選後始定名——明正中國。

●廣設驕局，拋餌入網；社會歪風哀人性——性邪不恥。

○騙網遍佈，伸入軍中；學校機關皆受害——害人何安。

●人性泛濫，無法制止；惟必讀新三字經——經行復性。

○妄念在心，永不得果；唸佛無唸唸無唸——唸忘忘唸。

●禪坐入定，塵緣皆忘；剎那出定一月餘——餘僅一刻。

○雙亞來台，吊唔辜老；人道關懷非政治——洽喪私情。

●辜汪會談，九二共識；一中各表兩岸平——平等立場。

○辜老仙去，妻函道涵；因汪履難雙亞代——代申汪悃。

●老友永逝，精神長存；雲海遙念思無限——限汪心情。

○哀青少年，尋求報復；群架刀殺宰因悲——悲無理性。

●勿以血氣，鋼刀棍棒；投向人身難無憐——憐惜生命。

○偽造鈔卡，大量印刷；騙徒潛入各階層——層級可悲。

●地球很小，門戶開放；邦國交流學短長——長交獲益。

○關起門來，自高自雄；中華帝皇實悲哀——哀幾亡國。

●豹眼圓瞪，威風八面；監護政委小兵懾——懾許有男。

○小平毛貶，世友仗義；拯救遭監脫牢籠——籠戊天空。

●傳儀一生，由皇轉俘；六十一載悲慘日——日人玩弄。

○窮也舞扭，富也舞扭；扭來扭去丟了愁——愁去人樂。

●龍生九種，各其別性；唐宗朱祖誰身美——美道做人。

○有無教養，從吃飯看；口嚼菜飯不出聲——聲聞人鄙。

●台上台下，盡情表演；扮演終了身優雅——雅否眾評。

○人像齣戲，終會落幕；無論窮富貴賤生——生死本道。

●吃牠半斤，還牠八月；殺生放生見因果——果報不爽。

○吒吒半生，落得如此；何不當年早悔悟——悟不苦果。

●小孩過年，希望長大；大人度節祈平安——安全第一。

○殘酷時尚，哀哉皮草；皮草死慘遭活摔——摔想皮全。

●美女穿美，皮草哀嚎；愛護動物普禁殺——殺止放生。

○惟物論者，難謂神性；中華文化心物合——合一天人。

●生活文化，大表國人；民族習俗看行為——為表言語。

○叢化溫泉，驪山溫泉；秦害兩地數千里——里有文章。

●年歲老了，只留回憶；青少貧玩老堪悲——悲無早醒。

○日在東北，七三一部；活人剖皮作試驗——驗皆國土。

●愛國志士，日人恐懼；抓來不當作醫研——研究細菌。

○細菌毒人，人死炎黃；炎黃何辜細菌亡——亡因國弱。

●送他回家，快搞四化；上下齊抓樂開花——花開笑鬥。

○托洛斯派，不斷革命；一波運動再運動——動多民窮。

●當身健時，誰體病苦；呻吟床第輾轉痛——痛未鍛鍊。

○地球和平，世界戰爭；國家繁榮衣彩奇——奇裝異服。

●人類族種，何只千百；中華文化無族分——分非炎黃。

○俄介伊朗，援助核電；美俄中東爭霸戰——戰俄美爭。

●回教國家，義俄衝突；發展極點向戰爭——爭後華雄。

○美日安保，約含台灣；海峽戰爭責有分—分別關注。

●兒女好壞，父母骨肉；牢獄不入皆無惡—惡悔人善。

○國家棟樑，社會中堅；為人服務皆責任—狀強心靈。

●萬莫為錢，六親不認；犯下滔天無情界—罪難赦免。

○矇頭畫臉，羞難面對；嗚呼人類該早醒—醒不為惡。

●中華武功，冠絕地球；人人習得強國種—種族非凡。

○嘉年華會，每年舉辦；花樣競新五日遊—遊到新年。

●脊椎整復，健康之源；腰背酸疼骨錯置—置矯身正。

○酒不逞雄，雄心命短；宴中稱強身先毀—毀因中毒。

●因有年節，始易化夷；中華文化溶各族—族皆華俗。

○筆法蒼茫，後人景仰；主攻真鄉明文正—正行草書。

●簽賭輸贏，玩戲手法；果真如此比圈套—套入遭殃。

○垃圾箱中，竟有屍塊；宰殺人體丟荒野——野郊拾荒。

●日人竟有，集體自殺；清少厭生嗚呼死——死痛父母。

○表兄扮匪，竟綁自親；無錢忘情泯人性——性忘非人。

●關起門來，夥眾吸毒；嗚呼青少何無知——知法絕不。

○過節風俗，地有不同；炎黃廣土年貨多——多令選購。

●活佛轉世，西藏傳承；眾生信佛但不迷——迷難進步。

○榮國府裡，眾人賽詩；假話連篇誰去聽——聽皆無聊。

●劉備摔子，收買人心；周瑜當當督烏謂——謂皆嘟嘟。

○文人寂寞，今主已然；捨離繁榮責獨室——室內靜寫。

●寫盡智慧，米吐之文；文發心靈嘔血語——語不俗言。

○颯颯西風，今度野庭；幽葩閒澹照人明——明白心情。

●莫嫌不似，春臨芳豔；輸與丹心白日頭——傾向日葵。

○詩以言志，文如其人；先天稟賦後天培——培養浩氣。

●一聽漁歌，頓洗塵俗；山澗水湄忘我境——境染難聖。

○身懷一技，四海謀生；走遍天下無憂愁——愁非人懶。

●華毛較勁，表和助鬥；武俠罩門俗軟肋——肋骨反勝。

○獨裁歸天，看誰機先；八仙過海顯神通——通向天地。

●大是大非，認清事實；當年離開今日歸——歸向老巢。

○十八大老，勇敢面對；飲水思源皆回營——營納郝等。

●一個時代，是人主導；路走正當皆出頭——頭頂青天。

○班桃紅花，滿上頭頂；花紅易衰似郎情——情當真情。

●逢年過節，人世之禧；珍惜此生有幾回——回頭看昔。

○江海浪湧，推滅前浪；世上新人換舊人——人浪無情。

●節目返鄉，車潮人潮；潮水翻騰無情滾——滾向幾許。

○人生當世，能有幾許；求得時歡樂忘憂—憂只百年。

●鍾鼎山林，各有其性；天生其人千差別—別因情異。

○性不圖融，執均頑固；人世塵裏任自為—為多失策。

●熱鬧一時，但人喜愛；團聚團圓度節目—日過皆散。

○家人相聚，誰不盼望；世間多少心如願—願求難得。

●破碎家庭，世人悲痛；修得圓滿福珍惜—惜憫不幸。

○行有烙痕，潛埋心底；陰影不除疙瘩生—生除人樂。

●滿意知足，幾人如願；活不滿百千歲憂—憂去心安。

○禽魚無憂，空翔水游；獸類無飛供食用—用難慈悲。

●歡樂之極，哀寂落幕；舞臺人世悲苦生—生為生存。

○人性卑劣，擅揭人隱；光輝光芒照陰暗—暗不顯劣。

●人性泯滅，視而不見；若非八十後果慘—慘哀親情。

○視若寇仇，親情泯滅；嗚呼人性向如此——此不向情。

●社會變調，人心不古；人子失情哀人心——心傷親心。

○心壞不焉，挑離親情；明示友類暗中撥——撥種陰影。

●蒼天有眼，何不明鑑；此人否善當有賞——賞罰神判。

○親有情無，人當看開；人性變化何人子——子無親情。

●八個兒女，無視雙親；年老無依社會救——救不世哀。

○暗語撥弄，間親和氣；罪如一等陰曹判——判十八獄。

●親情情酷，甚於外人；世看不破煩苦多——多抛腦外。

○陰判酷刑，兒女不孝；逆親反情下地獄——獄刑殘酷。

●頂撞親長，揭發親短；無視親尊難後果——果必受懲。

○天地之道，敦親尊長；父母為大該尊崇——崇發其德。

●不孝後果，世人不明；形跡逆親絕獄苦——苦懲難言。

○活在世上，存僅百年；身不修道業難消──消前悔改。

●乾隆宴雙，數有一千；問那老叟名何在──在世旅客。

○民國十八，國父移靈；當年護柩人何去──去問去向。

●百年大計，教育救國；清末狀元偉張謇──謇名千古。

○幼稚殘障，風箏劍術；大專院校張謇辦──辦人崇敬。

●張謇差學，三百五十；強國強種萬代傳──傳承不絕。

○江蘇南通，張謇故居；全國學張國必強──強身增識。

●高山症發，救命仙丹；西藏頂峰紅景天──天生枯木。

○華夏中國，國有寶書；四書五經讀聖賢──賢人必誦。

●一個國人，是一條龍；三個國人外謂蟲──蟲非今看。

○一個日人，是一條蟲；三個日人三條龍──龍皆昔言。

●外人旅華，最感奇異；人昧其國不文化──化非今情。

○己所不欲，勿施於人；行有未得反求己——己心此心。

●屈服命運，難起鬥志；事業受挫當奮戰——戰勿氣餒。

○幼童患癌，浴泉飲治；露露多村法國名——名含鍺素。

●害人利己，事豈能談；益己利人多去做——做人應為。

○年好月好，窮日難好；親情友情無錢難——難情可貴。

●天下男女，皆為情忙；世上光陰豈空閒——閒人心老。

○有機鍺素，加檸檬酸；鈣及兩種維生素——素健人體。

●不因反對，輕易改變；非為反對守堅持——持其當行。

○損人傷己，事不可做；毀己利人可以為——為積人德。

●聾不畏雷，瞎豈怕黑；死豬難懼沸水燙——燙非其時。

○邊下境過，斷無易處；世上事業豈畏難——難須克服。

●惜時如金，嗜書猶命；勤奮好學必有得——得因立志。

○塵世競存，愛自生始；逋人頭地當努力—力求上游。

●御以軍事，管以科學；營以企業公司榮—榮靠眾舉。

○峰巒峭壁，石松疊翠；山依雲體雲依山—山中霧靄。

●欲得生存，身先保護；勤讀詩書明法律—律己律人。

○吐納肺腑，活動筋骨；經常不斷食療補—補養體虛。

●食勿飽脹，臥前輕鬆；飲少不醉色勿迷—迷必短壽。

○決策俱到，但非討好；多方考慮週到全—全心去做。

●無處不石，無石不松；無松不奇黃山美—靈山雲影。

○飄逸優雅，姿態各異；黃山古松造型奇—奇幻夢花。

●油鹽柴米，醬醋茶煙；掙錢不易思辛苦—苦宜明守。

○齒叩津咽，耳禪鼻揉；眼轉面搓常磨腹—腹施肚提。

●前瞻一切，事皆預謀；人在塵寰論現實—實在為人。

○宇宙多變，塵寰詭異；世情難測人心險——險以誠破。

●短如春夢，情薄秋雲；管他春秋度時光——光亮在心。

○守常知變，通經達權；週遭人事誠適應——應皆同春。

●攻惡勿嚴，思其堪受；教善勿高看可從——從心以行。

○世上美事，不宜獨享；污穢醜行沾點光——光享人忌。

●人肯做事，身敢擔當；不做光說難有成——成功在幹。

○朝令有錯，何防夕改；政策興衰關係大——大不固執。

●勇敢固佳，須以智補；仁本愛心忠信德——德以誠護。

○活得心安，死去無憾；身在紅塵憑天良——良知不昧。

●自古勝跡，相傳已久；皆半存真半是精——精似曾有。

○多做多好，少做不好；不做難好怕閒人——人閒心多。

●聊的是天，談的是心；天理良心說不完——完滿人性。

○形象包裝，不慍不火；親和力強志堅毅——毅然貫徹。

●翠色當軒，獨登瓊樓；淡雅盛放蝴蝶蘭——蘭香滿室。

○朝代興亡，官場冷暖；江湖恩怨愛恨生——生死相循。

●橄欖生嚼，治鼻健肺；整蛋泡醋可骨強——強鈣身壯。

○放下心頭，不扛肩頭；事物兩忘人世歡——歡愁相連。

●生活現實，英雄無語；人世冷暖心堅強——強志不屈。

○劇有悲喜，一樣是戲；歡樂遺恨看人演——演隨劇情。

●人在三界，身本五行；夢幻變化世情中——中多苦樂。

○政治顯官，市井流氓；滾滾紅塵悲哀情——情難細訴。

●觸事生悟，妙應無窮；紅塵萬變心靈光——光照宇宙。

○塵世超脫，必先忘我；坐禪入定入雲霄——霄天靈遊。

●人我相忘，拆除藩籬；心朗澄明遨太空——空天神蕩。

○先攻國學，後讀洋書；涯貫中西始通明——明白運用。

●是非求心，毀譽聽人；得失憑天逆順受——受勿負心。

○人有喜願，天必從心；行無惡德神難罰——罰其不仁。

●賢氣若足，通脈必易；奔如虛弱藥食補——補骨強筋。

○天地萬物，生滅循環；不生不滅難古今——今古時異。

●心轉萬物，即是如來；不被物役心自在——在在在心。

○命難藥醫，緣得佛度；人昧機時事難功——功得於助。

●填滿心靈，非純物質；精神喜樂本博愛——愛人以恕。

○有錢萬能，無錢難通；橫得錢財睡不安——安享得正。

●身處高位，匡俗濟世；心不忘虛難悠遊——遊當懷情。

○金錢名望，權勢美女；貧病困苦生死人——人生皆有。

●心靈枷鎖，得能解脫；悟覺慧智洞開明——明棄塵俗。

○造用於前，得果於後；昧於利害命必喪——喪難明因。

●體力透支，病魔將臨；身當愛惜保元氣——氣喪命短。

○大恩難報，常懷遠去；一飯情重終難忘——忘償不怨。

●錢固萬能，錢難買命；賺錢固易無智難——難中無難。

○前瞻創造，突破啟發；計劃策定須正確——確實執行。

●節傲寒霜，義薄雲天；文章白雲高德鎔——鎔於無私。

○心無所求，一切皆空；空涵萬物性自在——在世本善。

●穴名陽谿，指壓充血；拇指手腕交界處——處按治心。

○有恩諱言，始得其情；無恩言情怎得恩——恩情恩報。

●懷憂傷志，縱難不殆；心雄高昂永不餒——餒志人喪。

○仁慈溫柔，善良寬厚；聰明智慧美麗人——人惟性真。

●逼念於惡，地獄則現；心念於善天堂生——生做好事。

○聖凡區別，端在此心；清淨污濁在人分——分於正邪。

●心似秋月，明如皎潔；坦蕩光照淨土來——來了無污。

○浩然正氣，心宰於氣；天地萬物心主宰——宰於一切。

●腰瘦皆痛，風濕臟腐；糖尿血高因體重——重了疾源。

○心有積悶，自應發洩；鎖定知己儘吐訴——訴鬱疾無。

●人能發跡，靠命無稽；運用智勞看時機——機不可失。

○蔥頭七根，薑片茶葉；紫蘇陳皮加水粥——粥食感冒。

●菩提自性，本來清淨；勤於拂拭莫惹塵——塵污性惡。

○耳背腰彎，腳軟筋縮；目濛手顫步履難——難將了生。

●婚戀甜苦，生兒育女；成長立業各自飛——飛了心安。

○讀書多寡，可察氣質；事業大小看人為——為業在志。

●相法取人，器宇儀表；事業精神定成敗——敗中反得。

○禍福相依，當明人生；過猶不及須之足——足當惜福。

●參透情關，易逃情劫；未明世情苦情生——生當悟徹。

○心本淨土，臨去泰然；神光普照光明路——路有神引。

●未明情關，難逃情劫；紅塵浪翻是非多——多必心朗。

○義可當為，斷然為之；不為利屈敗豈惜——惜德為上。

●逢人不說，人間瑣事；便是人間無事人——人見難聊。

○過份入戲，演得真像；長留戲裏最痛苦——苦脫人樂。

●生有信仰，死臨喜悅；懼喪悲苦皆可免——免於別情。

○臉勝痕跡，佈滿歲月；往日情懷堪回味——味有苦澀。

●調侃人己，以針見血；智珠機鋒味無窮——窮入妙境。

○人做學問，不疑處疑；待人有疑處不疑——疑多心鬼。

●人在時空，皆是演員；扮角好壞終落幕——幕內千秋。

○塵中逸士，忙中閒人；祥和心情度時空—空靈無俗。

●天涯海角，千山萬水；平安踏過度人生—生何留戀。

○鳥兒能飛，可窺穹蒼；蛟龍善潛探海底—底地玄奧。

●怯獸眾行，雄獅獨步；晴空一鶴排雲遊—遊樂自得。

○了解太多，難免失敬；塵世萬般人多偽—偽行必敗。

●反覆終始，不悉端倪；循環往返謂人生—生去死來。

○賺錢勿貫，攬權盡天；世上難買健康身—身得則有。

●戀愛風趣，豁達尊嚴；樂觀奮鬥處世情—情不偏執。

○服務奉獻，工作犧牲；愛於人己不虛生—生愛世人。

●應氣風發，意興遄飛；風流倜儻正當年—年過體衰。

○人倫固要，群己為先；團結核心不膨脹—脹己必弱。

●道有所悟，理宜通明；事要能達物當容—容懷於空。

○懍然肅莊，寓理帥氣；止怒有仍巍然風——風於學養。

●性狂悖情，粗鄙野蠻；學養低劣難論品——品高則無。

○塵海茫茫，複雜紛紜；人世路徑坎坦多——多看人走。

●鋒芒畢露，沉潛自負；志才有無看修養——養其可以。

○太空無極，時光難穿；薇塵渺小數世人——人其不人。

●行行有業，業本人立；三百六十行外業——業皆為生。

○命運主宰，自握手中；七分人事三分天——天不負命。

●情操固高，智商難比；內外情勢昧知明——明當用世。

○崩鮮蔬果，粗衣淡食；吃穿品味簡樸素——素人健雅。

●言偽強辯，迂腐離譜；悖明情理自為是——是何悲哀。

○宇宙星球，地球人聚；銀河星系外太空——空否有人。

●起程揚帆，信心勇氣；證入行囊莫忘掉——掉了麻煩。

○神秘天機，智難勘破；征程無悔鑽研人——人定勝天。

●放下身段，鄙恃權貴；位居高職心平凡——凡而不凡。

○竹影掃階，塵難揚起；月穿海底水不痕——痕有浪翻。

●豬為動物，人被豬趕；豬慶勝利豬學人——人享特權。

○牙根浮腫，神經疲勞；雞肉枸杞鹽燉濾——濾汁冷飲。

●離開家門，始知人際；踏出國境明世潤——潤大眼界。

○頓悟解開，行不迷竅；漸悟智明塵世朗——朗朗乾坤。

●人難相比，但求無愧；生在塵寰宜看開——開朗心情。

○富貴子女，教勿驕縱；先令勤苦基層起——起來不倒。

●雲鳩遊天，群鴻戲海；筆力驚絕海瑞書——書法奇逸。

○尊重老年，依賴中年；培養青年著眼少——少年扎根。

●關懷別人，諒解他人；照顧世人先於己——己心本愛。

○世上賢哲，先於人和；塵世愚人生難明——明悟已晚。

●換變為真，反變為正；無中生有有變無——無限玄機。

○策用謹慎，處事宜明；慎謀能斷決大事——事不猶疑。

●假人之計，以達己謀；以術攻術反得逞——逞勿損人。

○鄰勝遠親，親可致敵；遠交近攻非良策——策本以德。

●挾勢自重，擁權炫耀；狐假虎威非人豪——豪雄非雄。

○以類替似，以劣對良；李代桃僵無罪羊——羊得心願。

●嚇子制止，間以迎敵；須張生勢以反勝——勝強以弱。

○以假亂真，須誘逞計；魚目混珠反得實——實不再偽。

●擊破其眾，未必全得；擒賊擒首一蹴成——成必得心。

○擒縱適當，否則其反；欲擒故縱勿表明——明以用意。

●非計眼前，放懷未來；以退為進暫收隱——隱了再前。

○統慎五權，御懂六術；五權六術統御明—明用仁德。

●先減助力，再攻核心；倒行逆施反擊法—法以仁用。

○掩人耳目，取以主動；瞞天過海巧謀成—成以德仁。

●不變應變，被為主動；以逆待勞站腳穩—穩必得勝。

○別人權益，移轉己病；偷樑換柱勿損德—德喪難人。

●保護權益，不受損害；移屍嫁禍情非己—己德必喪。

○視情再動，以客反主；見風使舵行必穩—穩必求勝。

●謀於暗察，俟機一蹴；靜觀其變再求戰—戰速決勝。

○捷足先登，措手不及；先發制人不人制—制人以德。

●困獸猶鬥，當戒反撲；甕中捉鱉待擒來—來當驚覺。

○假借無有，以逞己謀；故弄玄虛障眼法—法破損德。

●試探舉止，再行對付；投石問路不莽撞—撞前宜慎。

○懂得忍耐，大任易成；明白忍辱可負重—重來勇承。

●表示忠心，暗計要巧；扮豬吃虎易中謀—謀逞喪格。

○卜筮弄巧，以謀取勝；玩術戲人陰求得—得必以正。

●善用弱點，瓦解別人；以詐屈兵戰本術—術以制敵。

○誘陷其德，取弱以攻；疲人取勝易反掌—掌握機先。

●按步紮根，乘勢移種；移花接木者工夫—夫情無痕。

○以賤換貴，以少誘多；抛磚引玉做先鋒—鋒頭前尊。

●別人成就，設想取代；張冠李戴行必謹—謹不傷情。

○設套弄人，讓其受制；上屋抽梯難下來—來當以德。

●迂揭人短，以達洩忿；指桑罵槐不傷情—情達心明。

○機用混亂，爭取權益；渾水摸魚不著痕—痕生則敗。

●法尋退路，躲過危迫；金禪脫殼離險境—境出則安。

○策略腹先，機到敵喪；無謀以謀則有謀—謀隱後顯。

●造成幻覺，誘進陷阱；樹上開花知己晚—晚鐘鳴德。

○劣勢反撲，挽回主動；反客為主不被動—動必前導。

●靜觀虎鬥，坐收中利；隔岸觀火看成敗—敗中取勝。

○借力併力，借道征伐；假途滅虢反擊得—得因假路。

●一石兩鳥，拉客消主；一劍雙雕滿載歸—歸得以仁。

○假手除敵，方攻子盾；借刀殺人貓哭耗—耗反感激。

●利別人力，復己生機；借屍還魂死灰燃—燃起希望。

○表面嘻哈，暗含兇惡；笑裡藏刀導人善—善必靈真。

●除掉害群，人皆怔心；殺啾儆猴眾驚戒—戒不敢犯。

○亂中取利，乘混求勝；趁火打劫易得果—果得以仁。

●既讚又臭，搧風點火；兩面三刀水火前—前必以德。

○伐無用地，襲有價城；聲東擊西易得謀——謀得以仁。

●毀棄不用，卻另尋途；暗渡陳倉明修道——道通謀得。

○事不利己，有利於人；順水推舟做人情——情非得已。

●當勉為善，世譏為愚；心無私情純淨美——美德人敬。

○刎頸之交，固世難尋；忘機之友難易得——得來珍惜。

●輕風淡月，好景一片；斜陽夕照當珍惜——惜我生命。

○乘危施逼，致敵難起；落井下石打水狗——狗急跳牆。

●剷除禍首，斬絕患根；釜底抽薪勞後逸——逸久復災。

○謀戰未妥，妥動必敗；打草驚蛇非高手——手法以奇。

●居致其敬，養致其樂；病致其憂喪致哀——哀親致親。

○青春甜美，白髮蒼蒼；終身舞拌將獨舞——舞出人生。

●山迴路轉，水涸魚沈；人生舞步難久旋——旋後酸澀。

○甲受乙襲，援甲擊乙；圍魏救趙乙收兵—兵去甲謝。

●強手引開，插進己力；調虎離山易得勢—勢雄難併。

○微不足道，借題發揮；小題大作誇張謀—謀破益得。

●為達目的，圖擾人眼；賊喊捉賊可脫險—險去行德。

○欲逞己謀，煽人惱怒；激將點火看反應—應觀動機。

●以矛敵盾，達己利益；反間計成力必豐—豐滿勿屠。

○單計雙果，一擊傷二；連環妙計古今有—有不損德。

●避談主體，迂攻敵心；旁敲側擊易得謀—謀得以情。

○縱有大難，惟處淡然；避重就輕化小無—無事心安。

●忍辱犧牲，以維元氣；棄卒保帥護核心—心本仁愛。

○為博人信，先痛己苦；苦因之謀得妥計—計成人己。

●虛實難測，真假不分；空時賺敵落陷阱—阱深難拔。

○色豔迷誘，坐收雙利；美人巧計今古有——有必好色。

●以人妙法，反授其人；將計就謀易得逞——逞不彰顯。

○世事複雜，人情冷暖；身處塵寰心本愛——愛到萬變。

●宴無好宴，會無好會；鴻門宴上成敗關——關入謀脫。

○平時沈默，不發一語；一鳴驚人表不凡——凡中難凡。

●中美人民，心懷和平；孔子林肯創大同——同為人類。

○謀真他人，不動聲色；處心積慮蓄意久——久宜放弦。

●風險臨頭，鞋底抹油；走為勝策算高明——明不責友。

○面對當前，預測未來；錦囊妙計藏兇懷——懷不傷人。

●兩軍對峙，陷阱設好；單刀赴會預評策——策當以勇。

○昔日雄風，今復何言；虎落平陽被犬欺——欺人無德。

●稱雄當世，堪謂人傑；虎縱老死威猶存——存因勇猛。

○事謀久遠，不為近得；深思熟慮始可行—行必謹慎。

●前進不能，後退亦難；騎虎難下卡背上—上謀脫困。

○萬壑無聲，含蓄脫穎；數峰無語立斜陽—陽關難通。

●家住蒼煙，落照山間；絲毫塵俗不相關—關心神怡。

○貪杯嘯傲，任意哀殘；不防隨處展開顏—顏容不老。

●煙雲出沒，有無岫間；半在空虛半在山—山霧濛濛。

○陷入絕境，誓死掙扎；困獸猶鬥勿輕降—降為人肉。

●以貌評人，必失交臂；以才論人先看德—德才併重。

○江月不隨，流水去也；天風真送海嘯來—來當美景。

●斟殘玉瀣，行宜看竹；卷罷黃庭臥看山—山色潤心。

○原知造物，心腸酷殘；塵世英雄豈等閑—閑了白頭。

●人在鬧中，消遣歲月；幽林深處聽潺溪—溪音洗塵。

○看人挑擔，不以苦重；物扛肩上方知力——力明其難。

●跑遍天涯，飽嚐冷暖；超級滄桑知苦甜——甜美當惜。

○言詞犀利，頭腦冷靜；語氣和緩有理性——性情溫剛。

●欲加人罪，何患無詞；刑加無辜心難安——安必以德。

○人體脊椎，健康泉源；對症矯治百病消——消用鈣鎂。

●超越弱點，創造風格；肯定存在看自己——己掌一切。

○宗教信仰，人各所鍾；心靈潔淨看行為——為惡必污。

●無神多神，天命唯心；無徵難信慎檢驗——驗以客觀。

○反應靈敏，風度翩翩；學涵深厚有見地——地靈人傑。

●一年種穀，十年栽樹；百年樹人千年計——計遠國強。

○頂天立地，做個丈夫；光明快樂度餘年——年月有限。

●萬事皆緣，隨遇而安；怡然自得當惜福——福來不易。

○騰雲駕霧，聲色耀天；水清雪冷個中情——情味自品。

●錢能通神，看神品質；權可役鬼時不靈——靈因御理。

○人富理想，難滿現實；身處美豔無進取——取必填心。

●聲音多元，聽不為忤；意見紛陳政策先——先徵事益。

○網被風破，蜘蛛重補；事遭人壞難再圓——圓必容人。

●橫眉豎眉，惡行惡狀；強蠻無法奪人理——理以理性。

○如芒在背，必欲去除；前路無阻進何難——難必石擋。

●經濟繁榮，倫理為先；社會暴力豈能有——有因無序。

○借重其才，必尊其格；事業發展須得人——人看運用。

●看出育點，勇於表達；忠於領導不背叛——叛人人叛。

○寅吃卯糧，捉襟見肘；逆來順受挫愈勇——勇敢突破。

●萬目時限，豈能坐視；挺身糾眾為前鋒——鋒銳難當。

○學不致用，招牌在有；讀書明理學做人——人皓窮哲。

●終日憂鬱，愁須不展；終有千萬生難度——度當快樂。

○心靜身清，世間神仙；人悟情理萬般空——空了不貪。

●感激在心，性靈必美；化除須固不妄大——大必格鄙。

○傲慢偏見，固執偏激；夜郎自大目無人——人見人怕。

●小不能忍，大謀必亂；事若能耐必成功——工看人守。

○人能盡孝，必為良幹；事不守忠難創業——業成忠孝。

●身無半文，日無宿糧；以工為生心常樂——樂天知命。

○惹熊惹虎，惹獅惹豹；嘸通惹到赤查某——某女惡狠。

●立志四方，創業五湖；人間到處有青山——山外有山。

○身無厭力，難促進步；心負責任易成功——功得人助。

●索債賊臉，賺錢知辛；佣工勞瘁求生苦——苦思儉用。

○甘非真味，真味是淡；卓非至人，至人常──常無奇異。

●晴空朗月，翱翔藍天；清泉綠井皆可飲──飲必沁涼。

○非深瞭解，豈生智明；走馬看花難歸納──納須詳察。

●有理想人，算活人世；無思想人死活人──人難謂人。

○智力超人，外人驚佩；兩岸一統超世強──強待團結。

●五族共和，中山手創；中華民族必一統──統認中山。

○救人一命，勝造陰功；濟施人急德無量──量計非德。

●功由下起，罰自上行；賞罰不明難御眾──眾仰祥平。

○人若老了，難謂長壽；能夠長壽何懼老──老人不老。

●念一世紀，智力科技；國力腦力待開發──發為利人。

○台灣地位，將超世界；人類復興看蓬島──島中蘊寶。

●內外蒙古，必歸合一；五族聯合豈能缺──缺難美滿。

○搶天呼地，嗆淚含悲；椎心泣血喪親痛——痛難挽面。

●學不化錢，難得真傳；絕活訣密交心語——語出師徒。

○成長茁壯，金色年華；少年十五二十時——時應關懷。

●人在年青，不可錯步；失足千古必留恨——恨有難消。

○工業社會，難顧子女；成長過程脫了韁——韁握易矯。

●雨傘縱破，骨架仍存；人處貧困正氣浩——浩無不鄙。

○習若昊天，掬育劬勞；寸心難報三春暉——暉情母愛。

●神仙仙佛，不問凡事；人間善惡因果報——報喜懲惡。

○幼年心情，時予溝通；苦悶煩燥適解除——除無問題。

●父母眼中，兒女難大；家外世界親不明——明其交往。

○培養性趣，娛樂消遣；抽空伴隨兒女情——情形瞭解。

●鐵口直斷，三十六富；坐待以等財飛去——去找勤人。

○人生苦短，苦中作樂；情關難度須突破——破無易傷。

●貧富移轉，貴賤交替；河東河西難定論——論必奮前。

○虔誠堅信，必感天庭；事困祈禱神廣允——允其所請。

●帽戴五八，身穿天工；天下人類難剩幾——幾非台灣。

○扛著人民，標榜民主；世界潮流皆不要——要享自由。

●正氣日衰，邪氣漸盛；是非顛倒黑白難——難辨清濁。

○愛憋心頭，不敢直言；苦悶情緒無處申——申向知心。

●歐美曰德，科技超前；蘇聯東歐體制改——改無民苦。

○伯牙鼓琴，意在山水；子期辨音訴心田——曲得知音。

●幸有天罡，臨凡下界；掃去群魔世太平——平定割據。

○正氣存身，邪不可侵；儒釋道傳武術功——功合陰陽。

●全國汴宋，守以火罐；白賊射出震天雷——雷名火箭。

○逆媳孝子，行乞侍母；拾穗製餅劣自食——廟蛇咬婦。

●台南國小，郊遊蜂襲；師衣護生身螫死——死重泰山。

○鳳林貧農，養犬如子；農死守攻犬報恩——恩其仁德。

●人含獸性，世難識破；慧眼辨明唯有狗——狗明好壞。

○悶氣長嘯，蒯壘全消；徜徉班水精神怡——怡心悅目。

●皖北亳州，古井貢酒；安徽濉溪口子酒——酒名非凡。

○木屋火熄，母雞燒死；翼護雛雞皆未亡——亡母偉大。

●人嫌人窮，犬不嫌窮；犬嫌人窮非中犬——犬義薄天。

○山水林泉，溝壑溪澗；擁抱自然活得久——久當去享。

●人多施善，流芳百世；塵世為惡臭萬年——年年人咒。

○成都金興，射洪陀牌；河南寶豐酒大麴——麴名杜康。

●邛崍文君，綿竹劍南；四川名酒春酒美——美傳西蜀。

○貴州茅台，道義薰酒；黔省湄窖習水酒—酒香冠世。

●泗陽洋河，泗洪雙溝；漣水瀚南大麴酒—酒在江蘇。

○酒中八仙，竹林七賢；一杯在手忘塵寰—寰中陶侃。

●榮枯興衰，人類演變；生死存亡無法測—測未必準。

○鸚鵡謊話，絕可調教；令其辨事確很難—難以像人。

●著墨佈局，筆法細膩；意窺邊機妙絕手—手運若仙。

○瀘州大麴，古藍郎酒；四川宜賓五糧液—液美齒香。

●陝西鳳酒，陳樹大麴；山西汾酒杏花村—村井水美。

○崩來死去，時空難選；宇宙循環有定則—則變必炙。

●飲食男女，未麵夫妻；神仙眷屬世少有—有必共創。

○詩格超逸，書法勁秀；畫筆生動世謂絕—絕天逸才。

●小魚海藻，杏仁胚芽；牛奶豬肝維他B—B含鈣質。

○行本札讓，美化社會；誠以微笑溶寒霜——霜解暖來。

●赤裸裸來，赤裸裸去；揮一揮手啥難常——帶無污靈。

○圓融智慧，不可執著；希望幻滅非死路——路有千條。

●聯想幻想，鑽進牛角；神經分裂會神經——經醫告訴。

○經常赤腳，踩石激判；紅蘿卜汁經常飲——飲對眠好。

●沈著自信，堅定寬容；英明睿智體諒人——人必敬服。

○睡前二時，停止餐飲；晚餐後喝溫牛奶——奶定睡眠。

●自食其力，自得其樂；自求多福勿煩惱——惱人自惱。

○感情受挫，勿被擊倒；人生路程須珍惜——惜必得福。

●物有陰陽，事含正反；心分向背黑白明——明辨是非。

○眼前事物，一旦失去；厭惡喜歡心感傷——傷人情結。

●冰雪凍封，繁花盛開；莽莽蒼蒼地有異——異地洞天。

○行萬里路，勝讀萬卷；風俗人物各特色——色異族分。

●點到為止，何須明言；嚮鼓重錘不用敲——敲了易鳴。

○千年大樹，風霜歲月；毀掉容易成長難——難眾愛護。

●有問必答，控馭分際；答問暢述彼此情——情含酸苦。

○平湖水榭，殘月曚曨；綺情懷想輕愁遠——遠山含笑。

●嘯傲煙雲，策權雲山；班色蒼翠飲欲醉——醉臥海天。

○青春妖嬈，金色年華；無憂歲月堪回首——首先立志。

●寶島台灣，先民締造；心懷祖國兩岸統——統一國強。

○出手凋綽，狂施濫捨；心無輕簿受有卑——卑生反妒。

●桃紅柳綠，嵐光山色；春暖花開心神怡——怡人無愁。

○墓陵陶俑，暴君遺茶；帝王步武生民苦——苦奈民何。

●話說則明，燈點則亮；彼此糾結心中情——情關突破。

○儒家思想，國人肯定；四書小品必當讀——讀知做人。

●和諧團結，安定共識；迎向未來謀發展——展當為公。

○菊花象徵，隱逸遁世；蓮花表示謙謙人——人皆君子。

●秉持和平，堅定理念；任勞任怨忍辱先——先必為人。

○鳥盡弓藏，兔死狗烹；功高震主當隱處——處守保身。

●事成毅力，勿存僥倖；人本結緣非利用——用人以德。

○和平奮鬥，必救中國；共同團結建台灣——灣中水美。

●人難逾百，心懷千古；生於塵世常憂戚——戚然度日。

○牡丹象徵，榮華富貴；幽蘭表示王公侯——侯門似海。

●泛舟五湖，翩遊四海；北歐南極任翱翔——翔偕知心。

○早五晚七，時坐禪功；吸脹吐縮持有恆——恆必見效。

●事成在人，決定三件；經驗智慧和信實——實在做人。

○僥倖在前，人宜後看；不幸落後心向前——前後有人。

●萬事皆緣，隨遇而安；緣隨於事心有樂——樂本有情。

○人懂積德，復知惜福；塵世快樂當獨享——享受人生。

●吃喝嫖賭，詐矇拐騙；放浪形骸難謂人——人當改悔。

○夫婦相處，理多情刻；逞強好爭非能得——得了不得。

●逼場火災，母為救子；創傷有痕美醜臉——臉醜子美。

○一個理想，一心追尋；逼份真緣本執著——著重務實。

●人生於世，知音難遇；性能投緣明幸福——福惜則福。

○七情六慾，悲歡離合；無盡煩惱貪瞋癡——癡愛難樂。

●賓腸固美，嘴巴刻酸；難謂好人非良喜——善修口德。

○惡鄰結緣，認錯懺悔；笑臉登門獲諒解——解了無怨。

●世上事物，俗俚人讚；文理深奧反和寡——寡頭難當。

○花妖水怪，女鬼劍仙；聊斋誌異妙筆生——生和狐仙。

●智光明亮，愚昧開悟；佛光慈濟世淨土——星雲證嚴。

○無故受挫，當明因果；處事有誤虛心檢——檢出原委。

●擁有萬貫，固非尊嚴；腰之分文心感卑——卑當力奮。

○之推子陵，淵明和靖；歸隱山林不問政——政有亂治。

●記憶力強，悟性特高；體諒主客當時情——情到功成。

○人間淨土，神仙故鄉；塵世桃源人創造——造福在心。

●芸芸眾生，茫茫塵寰；人間淨土何處尋——尋於方寸。

○情為何物，死生相許；沸騰炎涼激情幻——幻趣難真。

●晏嬰管仲，魏巍諸葛；玄齡仲淹居正相——相朝治國。

○鍾鼎山林，固人本志；心懷社稷拯蒼生——生民待援。

●涉獵六芸，以古為師；週遊四方勝讀書——書中光看。

○執圓處方，以工為事；樂天知命人無求——求看需要。

●千言立成，若舟下水；十分知足如月天——天下太平。

○紅塵分合，在意必苦；邊下事物轉瞬去——去了難回。

●為事擇人，其政則治；為人擇事行必亂——亂難得才。

○良心不安，誓莫下筆；新聞從業當遵守——守本道德。

●王道治人，神通治幽；窮兇極惡敬畏神——神當無私。

○齊家做好，長幼有序；好學宜通古今文——文筆神來。

●塵世事物，都會消失；成敗苦樂得看開——開懷無愁。

○人類動物，靈性最高；神仙佛道皆可修——修得超生。

●以簡馭繁，繁中見才；以繁化簡看人智——智有事明。

○生有功德，歿後為神；死前行惡亡為鬼——鬼神修人。

●洪楊之敗，敗於異教；滿清之勝漢制漢——漢以名較。

○曾左胡李，清末名臣；朱洪孫文民族雄——雄起布衣。

●明月長照，忠魂依舊；邊關守將表崇煥——煥為明臣。

○身不健康，百病叢生；人生道上限難行——行必痛苦。

●鄉居野人，超脫塵俗；享受清幽山中景——景色怡神。

○功不在我，成在其中；事能參與心高興——興趣為公。

●外事不惹，違法莫做；利無瓜葛為官清——清白行事。

○屈辱忍氣，發奮為雄；人愛生氣病多生——生因氣悶。

●愁苦人生，難展大鵬；樂觀奮鬥挫不屈——屈被擊倒。

○炎冷塵囂，市井奔波；功名利祿在世人——人人鑽人。

●山外有山，湖外有湖；湖山煙雲太湖景——景非凡景。

○以誠觀詐，戒貪鑑庶；氣度從容看人品——品否豁朗。

●竹節無花，梅花無葉；松葉無香蘭皆有——有色國豔。

○孕婦陣痛，喜前忍耐；成功之前有黑暗——暗中勁發。

●五步一奇，十步一異；千姿百怪葫蘆島——島在雲南。

○怪嶙姿態，突兀崢嶸；天下奇石觀林景——景在滇南。

●移山填海，桑田不田；滇池煙波今非昔——昔景非昔。

○事發突然，種因得果；冰凍三尺非日寒——寒非現因。

●舞台角色，看人演法；適才於事何必選——選台非才。

○勤勞五體，品嚐饑餓；神仙滋味親做食——食後知甘。

●西雙版納，葫蘆仙島；帶熱植物萬般有——有名國際。

○石林山水，鬼斧神工；雄風豪情湖池洞——洞裏乾坤。

●班土填池，五十萬畝；雲年昆明血脈死——死海髒污。

○商賈勞累，塵海蹤形；人生羈旅難得安——安定福得。

●偉大志業，展在四方；老死家園非雄豪——豪得以才。

○文學寫作，勤練必得；性趣培養賴有恆──恆心自發。

●先烈汗血，曾灑大地；貧困中國災難叢──叢林藏虎。

○聳翠翻濤，長龍臥波；豪壯拔山氣概雄──雄山奴攻。

●掬育劬勞，人子當孝；親恩昊天應報養──養其未歿。

○人人有夢，孰願典當；自己故事自己寫──寫不留白。

●學習經驗，吸取經驗；人得明失可攻錯──錯有三攻。

○多少王朝，曾被推翻；歷史暴君被掐碎──碎瓜留魔。

●自滿自負，一定失敗；得人協力先謙恭──恭有必成。

○人不反省，幾近於獸；事無檢討難進步──步法難穩。

●經營八表，手揮五弦；盱衡全局調度靈──靈活運用。

○走完逼生，不留空白；百歲不夭得展懷──懷志留語。

●錢味太濃，情味必淡；禪味心語出味者──香滿塵寰。

○北平石橋，如作亡魂；精衛真假有誰知——知必忠烈。

●一筆在手，滿眼江湖；心懷萬古斗室情——情天在握。

○涵養豐富，易甘寂寞；權傾勢盡知冷暖——暖明退隱。

●心存忠厚，前程光明；作事磊落後路寬——寬宏氣度。

○空靈涵攝，淡然無欲；孤獨寂寞是我心——心合天地。

●迴出江山，縱觀天地；抬頭邀月望白雲——雲海遼闊。

○風波亭前，忠奸兩別；千古奇冤話岳秦——秦難容忠。

●工作時長，生命必短；心力交瘁易暴斃——斃因神疲。

○山得水活，水得山媚；花得蝶豔蠑得花——花嬌人美。

●創建事業，立志向前；人無德才身難貴——貴在目標。

○日暮山寂，靜然無塵；幽深寄懷竹意深——親和自然。

●白鳥忘機，看雲舒惓；青山不老花開落——落我何干。

○雨後色鮮，靜夜聲清；江樓閒倚邀明月——月掛天邊。

●寒夜客來，以茶當酒；新芽潑乳舌留香——香氣襲人。

○人事時物，敏感利害；清舉妄動易生言——言不煽情。

●花過三春，花難再香；月逾中秋月不明——明度不夠。

○歷史長河，一顆赤心；勿作歷史袖手人——人承古今。

●守株待兔，無非想得；酒店打佯還不走——走了再來。

○積累很難，難於登天；傾覆容易之反掌——掌握穩當。

●客至何妨，煮茶以候；詩清只為飲茶多——多必吟醉。

○塵世風光，眾生悟難；明媚河山含禪機——機玄在心。

●萬里長城，亞馬遜河；西伯利亞鐵路長——長現太空。

○天野穹蒼，心中山林；寄居市井塵世外——外無牽掛。

●雲山霧沼，一片迷茫；叢林峻嶺難窺異——奧秘深藏。

○金錢地位，事業名譽；親情友情愛情人——人際縱橫。

●黃沙滾滾，紅塵萬丈；馳騁疆場榮歸人——人征生還。

○清溪翠巒，穹丘崖岩；碧嵐大地境景美——美林烘托。

●性不依賴，終有所成；假權攬勢權宜計——計利民生。

○狡兔三窟，行藏不露；塵相受縛生必愁——愁煩命蹙。

●忠於職守，當受賞識；勇於負責被尊重——重以才用。

○智愚謙狂，毀譽損頌；悲歡疑嫉恩怨憎——憎愛糾纏。

●借假修真，返本歸原；明心見性悟透人——人離紅塵。

○錢固要賺，但不賠命；擁求權利勿遭毀——毀名喪身。

●巍巍群山，插入霄漢；茫茫白雲說譎變——變化難測。

○穿上歷史，走入時光；俯視文化看中國——國非沙漠。

●鳥語花藝，三春餘香；繽紛景色似錦鄉——鄉野風光。

○事到萬難，須當放膽；判於兩可莫粗心——心細果美。

●遠山縹渺，雲煙冉冉；迷濛山巒水婉蜒——蜒引縱橫。

○夜中景物，惟月最美；八千路遙懷神州——州阻兩岸。

●生因緣來，死因緣去；何須煩惱佛不死——死有難生。

○帝王將相，有限時空；天命無常應把握——握住今朝。

●八月十五，月光普照；中秋月照古今月——明月幻夢。

○天高不高，人心最高；事難不難心怕難——難非人心。

●瀑如白鍊，從顛瀉下；機心到此塵念消——消暑釋懷。

○醉生夢死，大是快活；難得糊塗糊塗難——難因聰明。

●現實人生，剎那生滅；苦空無常凡俗人——人當參悟。

○千古明月，明白千古；古今明月照不同——同感明月。

●梨花院落，溶溶月色；柳絮池塘淡淡風——風柔溫潤。

○瀲瀲隨波，千萬里路；何處大地無明月——月天懷中。

●春夏秋冬，四季明月；月到中秋分外明——明心見性。

○形象受損，心得修補；名譽遭污當清洗——清白做人。

●國不在強，自由則名；民不在富民主靈——靈必奮鬥。

○勝不離川，離川難勝；敗不離灣離灣敗——敗守反勝。

●貧賤富貴，非天賦予；鋼山鐵卷皆塵埃——埃無則空。

○心清月現，意定無雲；原本淨心處處明——明月照心。

●中華民族，五族共和；日月普照大漢聲——聲名遠播。

○淚流完了，血在燃燒；為了中國幹下去——去尋尊嚴。

●團圓離散，惜念哀傷；眷戀喜悅當月情——情有各殊。

○養身惟動，養心惟仁；養性惟真養生儉——儉能長命。

●春霜曉露，倏忽則逝；曠達處世易延年——年由仁來。

○賓能放下，情若定了；不染塵埃性爽達—達觀入世。

●事若不難，豈見雄心；天寒始知松柏摻—摻節感人。

○領土失地，悉皆收回；炎黃子孫光耀榮—榮歸中華。

●自由民主，人權法治；和平繁榮不可少—少無保障。

○人海垂綸，閒釣春秋；斜風細雨一孤舟—舟不浪翻。

●夜靜水寒，魚兒不食；滿船空載月明歸—歸向自然。

○兒女情分，皆生恩怨；父母夫妻有愛情—憎無以愛。

●驚天動地，無油能源；牧師發明中國榮—榮耀人親。

○有功於世，人不虛生；無物在心身舒然—然必快樂。

●專制獨裁，武力禪厭；動亂溫床戰爭源—源頭難滅。

○日月輪迴，渾然如夢；擁臥寒波任愁流—流去煩瑣。

●明月懸照，群興拱門；飄逸神遊天地間—間難愁苦。

○身染紅塵，心造是非；飲盡江水難澆愁—愁由心種。

●行禮如儀，不卑不亢；交往風範豈可廢—廢難做人。

○鋤奸杜倖，窮寇莫追；投鼠忌器穴不塞—塞必苦鬥。

●手指遭夾，瘀血痛極；置口舌吮勝華陀—陀醫立癒。

○菜葉蘋果，紫蘇香料；檸檬醬油紅夢卜—同鹽打汁。

●書宜靜讀，始覺有味；酒勿多飲自延年—年年健康。

○呼風喚雨，叱吒風雲；權傾顯赫難騷久—久當為民。

●忘掉包袱，不念錢財；無記死亡人難老—老天長命。

○螳螂捕禪，黃雀在後；人食牛羊依人生—生相剋存。

●不動以氣，動必以力；氣動化解筋骨降—降去病除。

○自食其力，自得其樂；自求多福福白來—來了會享。

●晨末浣浣，口液抹眼；老花近視皆復元—元氣恢復。

○父親節曰，致石斛蘭；母親節送康乃馨──馨柔慈祥。

●梅花數點，心連天地；竹影窗前情人來──來談今生。

○利害相關，動徹相忌；人性陰詐宜心防──防其相反。

●以生木瓜，切盡兩瓣；鐵觀音茶沖開水──治糖尿病。

○造福由人，并非天授；登山無病勝金錢──錢難買健。

●社會百態，千奇百怪；人類職業皆本能──能有優劣。

○儉入奢易，奢反儉難；勤奮樸拙度人生──生本厚實。

●力戒美食，可養身輕；愛食蔬果體不胖──胖必多病。

○富以仁灑，貴以謙洗；友以義澆人心正──正當做人。

●緣青菜葉，蜂蜜果汁；糖鹽醬油冰牛奶──加茶榨飲。

○家財萬貫，曰食三餐；大廈千間眠一床──床僅七尺。

●擁有錢財，當思回饋；窮無一文須勤耕──耕必以德。

○守著陽光，修剪花草；人看無聊自得樂——樂有不同。

●老鼠養子，別替貓忙；事不關己窮操心——新多必善。

○民族特色，各有不同；發揮傳統吸新知——知取運用。

●行有餘力，不妨多做；捉襟見肘何必為——為債充闊。

○擠在公車，滋味不同；自車代步當別論——論有格調。

●泱泱民族，大國雄風；胸懷人類皆同胞——胞必愛護。

○雖非胎生，但有哺育；養教成人當報恩——恩及生養。

●常王夢碎，民主來臨；人民至上人權主——主權屬民。

○民族幼苗，國家主人；成長過程看培養——養多愛護。

●四海兄弟，不是口號；熱情誠懇一家人——人類皆友。

○世事風霜，令人唏噓；昔日塵煙難回首——首先收心。

●怯於私鬥，勇於公戰；個人恩怨不可言——言以和解。

○外侮不抗，自辱可悲；團結奮發突破難——難關自解。

●快樂規矩，規矩快樂；人無規矩快樂狂——狂過必亡。

○國難當前，放下一地；走上戰場齊對敵——敵降返鄉。

●世上快樂，莫過知足；人類痛苦為貪心——心難填滿。

○放屁帶屎，有點大意；失掉荊州不應該——該向關公。

●遠離塵埃，何以維生；僧道閉關何須食——食以清淡。

○吾愛吾師，尤愛真理；為愛真理師徒辯——辯為真理。

●塵世人類，皆有結局；行不負人度一生——生當快樂。

○事悶心中，痛苦難明；情述和交解愁鬱——鬱去煩消。

●社會進步，由於競爭；人類文明本道德——德化一切。

○千年轉門，孝子喬承；班傑輔劉稱帝皇——皇由韓得。

●閉關苦修，無非得靜；靈魂淨潔心難塵——塵世忘掉。

○醫病固可，醫命則難；因果報應須和解——解必施德。

●佛修無相，道超陰陽；儒學明德合天人——人神并世。

○登上月球，俯瞰大地；太空浩渺人類小——小如微塵。

●遠交近攻，近攻遠交；人結國盟皆謀略——略用仁德。

○世上萬物，皆本制衡；太空人體均同理——理明易調。

●薇妙曲折，波譎詭雲；曲徑通幽現光明——明天尤明。

○古聖先賢，中臣烈士；英靈常存宇宙間——間無人往。

●古禮金規，各具特性；今不復古古難今——今人進步。

○欲親實遠，欲遠實親；示以親遠看用心——心著何處。

●德掛口邊，心未必德；行能以德較口仁——人非以口。

○棟樑垮了，體必癱瘓；人身脊椎善保養——養補鈣鎂。

●親亦親於，骨肉情緣；痛莫痛於死別苦——苦難重聚。

○般若之智，了透空性；偉大證悟無上智──智慧圓滿。

●塵海智慧，滿足心態；般若之智安人心──心安命解。

○般若佛語，中譯智慧；美化人生一盞燈──燈明圓滿。

●中華兒女，勿忘祖先；身縱四海不忘國──國為民國。

○活了半生，不懂快樂；臨去始知萬事空──空了已晚。

●一片山水，松影林蔭；幾朵殘雲邊上飛──飛入夢中。

○人世智慧，有取之嚮；般若智慧無取智──智分益損。

●科學雖倡，佛神微妙；不可思議亦難解──解開待時。

○正神邪魔，充塞宇宙；人無正氣難立世──世由人主。

●熄滅煩惱，身智塵外；心負情仇難淨土──土不污染。

○外侮內亂，忘不再來；刀槍殺伐永遠無──無常今生。

●裝滿智慧，行遍天下；身無知識難起步──步法要穩。

○一國能強，教育必高；人民旅遊懂禮貌──貌像正大。

●身為華人，不忘祖國；寄旅海外須尋根──根旺葉菜。

○為避秦禍，寄身蠻荒；泰緬難肥受風霜──霜降瘴氣。

●世俗智慧，固然豐富；般若智慧一點無──無難證悟。

○團體相處，不能畫圈；泱泱風範人敬佩──佩無論私。

●兩岸統一，國必強盛；互相排斥民遭殃──殃為人造。

○入境問俗，不問必犯；國民外交人有責──責看人為。

●中華民族，昔遭外患；內部團結誰敢侮──侮因自私。

○神州變色，身繫越島；潺疫惡鬥歸祖國──國家愛民。

●義不帝秦，避走他鄉；國難降臨民遭殃──殃及無辜。

○專制歲月，永遠消滅；民主中國絕降臨──臨來必強。

●千餘年前，淳風曾言；掃平群魔小天罡──罡來必統。

○意識型態，早應吐棄；中山無私尊國父——父望子強。

●激濁揚清，涇渭分明；善惡劃分好壞明——別在不混。

○天縱聖智，世上稍有；歷練苦學建事功——功在為民。

●血濃於水，何來意識；鄙簿權柄貴為民——民富國強。

○為了意識，強制界線；子不認父鬥子妻——妻以夫親。

●人本好友，細故動武；雙方互損何苦來——來必忍讓。

○世上崩民，皆本求存；窮富貴賤看智慧——愚得啟發。

●芸芸眾生，紅塵奔馳；崩存競賽別苗頭——頭角崢嶸。

○能斷可謀，世必雄主；可謀不斷寄生蟲——蟲食看人。

●強調意識，別具用心；國父不敬尊人父——父非國人。

○父母子女，均為骨肉；何來怨恩怎反目——目皆親情。

●東歐貧民，衝向西方；大陸同胞偷渡客——台富向往。

○蘇聯政變，阻車犧牲；民主來臨為英雄──雄非天安。

●自矜功伐，奮其私智；以力營政實難久──久宜民富。

○民主均富，人性嚮往；八八政變旋即亡──亡蘇因窮。

●糊塗一點，免生閒氣；人生難解無般若──若能證悟。

○螳螂補禪，黃雀在後；為顧前利忘危險──險生左右。

●修女修士，和尚尼姑；道場叢林皆出世──世外無塵。

○霸不以仁，力不以理；其勢再大終難久──久當為民。

●喪鐘敲響，非由別人；蘇共災難暴難久──久違民意。

○八人治國，強調堅持；民主潮流必吞沒──沒人不反。

●公學私校，為國拔才；國設高教培育人──人智治國。

○說到智慧，人人聰明；談論人生皆茫然──人皆糊塗。

●苦心修持，無非度人；證悟般若身投入──入世普濟。

○國能科技，永難強盛；權有主導調度明——明召人才。

●挫折不斷，寒霜壓境；滿天風雨故人來——來當解困。

○孔老莊孟，文武賢人；歷代聖豪建宮祠——祠廟族奉。

●思想解放，言論無忌；研究發明在中國——國人稱雄。

○叢林古剎，佛道建寺；街口巷弄豈廟宮——廟由族立。

●年月日時，同庚誕生；勤為富翁懶無文——文豈天降。

○大千眾生，幾人證悟；叢林古剎僧高臥——臥求般若。

●阿彌陀佛，奉主耶穌；阿拉道祖皆為神——神敬人異。

○登上月球，揭破迷底；牛郎織女鬼話連——連影渺茫。

●古文古書，固不放棄；今人今事論科技——技必超前。

○雞下金蛋，世上奇聞；地脈善人家常言——言多愚信。

●國人智慧，不落外人；思想開放必超前——前程可期。

○怪力亂神，牛鬼蛇神；人間塵世不能有──有了災生。

●讀書苟眼，行句經心；晝宜瞭然得竅門──門眉批註。

○滾滾長江，浪淘英雄；是非成敗轉頭空──空有爭霸。

●藝術娛人，人習藝術；充實人生慰心靈──靈巧運思。

○為搞對立，強調意識；同一民族分兩岸──岸喊統合。

●國共情結，早應煙滅；民無恩怨何鬥爭──爭無統合。

○中國禮代，常出神童；智商超人高一等──等非常人。

●讀書不化，必為古役；靈活運用守以德──德本仁恕。

○清山夕陽，秋月春風；漁翁濁酒笑談心──心情感喟。

●活得尊嚴，不受人鄙；生活獨立須自主──主以守格。

○時代進步，區域結合；整體發展勝單獨──獨憐兩岸。

●大不吃小，小不統大；實行民主棄權柄──柄由民選。

○天安廣場，百萬人群；民主學運看柴玲——玲巧指揮。

●台灣雖小，人富財豐；大陸縱大民皆窮——窮相世鄙。

○皮肉裏體，性有各異；智愚賢佞美醜分——分別人類。

●生在塵世，幸與不幸；人有完美與殘缺——缺不怨天。

○有了清閒，復感無聊；事情多了又心煩——煩苦人生。

●生不得已，死何得已；生死中間決自己——己定成敗。

○我是柴玲，我還活著；一年逃離人驚喜——喜極歡呼。

●觀光旅遊，人類權利；國無外匯民少錢——錢賺開放。

○地有人類，難以究底；雞先蛋後史無載——載難公母。

●庸庸碌碌，奔勞一生；誰能清醒坐下想——想點快樂。

○為權相爭，明算暗鬥；三八四九復歸統——統必正統。

●佛由心作，魔由心正；好壞成敗由心性——性決一切。

○生在塵海，風平浪靜；平安渡過無災情——情況殊異。

●處於逆境，蓄勢待發；奔在順境上層樓——樓頂風險。

○命在卜內，生必預定；春江水暖鴨先知——知反受控。

●暮雨朝雲，蒼煙落照；塵俗往事憶心頭——頭宜清醒。

○巒影山光，氣象萬千；層峰插天雲浮岫——岫出無心。

●小橋斜陽，家山萬里；日暖花香又一春——春來秋往。

○歲月不靖，人生苦難；禍福難測卜神佑——佑必自保。

●劇可迷人，情難預測；卜若先知生無味——味由自嚐。

○江山多嬌，鍾靈毓秀；徜徉薰陶心胸闊——闊然情懷。

●大江東去，雲樹蒼茫；縱談古今風騷情——情得我心。

○身離雲山，再看雲山；遠近高低形有異——異必因心。

●水火無情，禍災難防；塵世生命嘆脆弱——弱知自保。

○騷人墨客，滌盪心胸；江山激發靈感湧—湧泉長流。

●民來台琉，早有千年；台歸祖國琉曰管—管非主權。

○漁民避免，恆春香殺；曰籍用兵強佔琉—琉失清弱。

●中華民族，炎黃子孫；內外蒙古中國人—人難分割。

○亞洲集團，經濟提協；設立亞州經濟體—體主輪流。

●國云秀麗，世稱瑞士；外人長住難桃源—源不落根。

○人生矛盾，閒忙難分；活不奔勞反覺苦—苦因無事。

●台琉移民，來自福建；冊封琉王中國朝—朝自隋唐。

○雄才大略，成吉思汗；地跨歐亞建帝國—國分東西。

●統一部論，滅宋建元；蒙古大帝鐵木真—真正英雄。

○女嫁外人，葉落非異；男娶外女籍不改—改非炎黃。

●天賦特性，人皆唯一；文創格調莫相襲—襲非獨見。

○失落浮萍，孤獨飄泊；寂寞無聊塵世客——客來談心。

●跳舞溜冰，卡拉ＯＫ；曲終人散心落寞——寞因不實。

○皮白髮黑，年少比美；髮白皮黑老來情——情人遠去。

●愛兒嬌妻，知心好友；無情歲月終西東——東埋西葬。

○看人優遊，心存忌羨；身示如人懷怨憤——憤生難正。

●開山大師，創建道場；一代明僧數星雲——雲彩滿天。

○老友相逢，天南地北；縱橫上下古今談——談些雜俗。

●音容笑貌，塵世頓消；難掩悲痛失親人——人悟豈傷。

○穴位針灸，自古依圖；出穴奇人權生儉——儉為長安。

●緣聚緣滅，不能相強；生死循環世常情——情形殊異。

○看破紅塵，剃度入山；暮鼓晨鐘敲木漁——漁遊難鬧。

●名山勝水，多建古剎；佛在中土勝印度——度人無算。

○身在佛寺，心繫塵凡；口唸經文俗難了——了卻世間。

●天常金針，去病世人；同奮守則皆真言——言以誠靈。

○氣人性竅，二者相交；腦下垂體傳金身——身病可瘉。

●丟下書本，做人心鮮；社會層次儘接納——納清去污。

○人性在變，社會在變；時代在變潮流變——變死生命。

●禪精竭慮，忙碌闢划；幹練沈穩受肯定——定業雄圖。

○打破放下，一心向佛；般若智慧證悟來——來必入世。

●靈氣佛氣，誠心祈禱；三唸真言氣引來——來先天氣。

○身立天地，心本正氣；誠唸真言去邪魔——魔難勝正。

●忠恕廉明，德正義信；忍公博孝仁慈寬——節儉禮和。

○詩詞歌賦，闡明情懷；塵俗境界未必通——通天不昧。

●心靈領域，人皆殊異；性向不同難求一——一切為生。

○不即不離，取點距離；若即若離隨身影——身必現形。

●藝文會友，藝有不同；嗜好沈潛石壺茶——茶情獨特。

○車水馬龍，塵世紛擾；動極思靜閉關忘——忘掉人際。

●面對現實，接受失敗；從新檢討再奮起——起不為挫。

○屈原來了，靜下檢討；不思反擊豈應該——該問良心。

●人能開悟，當丟塵網；平淡先滌利名心——心不染俗。

○扇山結廬，隱修清閒；塵海俗務皆丟去——去好淨心。

●沈潛內斂，反應敏捷；當機立斷判正確——確定去行。

○靜極思動，難耐隱居；動久心懨神情疲——疲了厭世。

●成就當前，形不為驕；謙恭卑遜再奔跑——跑不跌跤。

○生命傳承，歲月無情；哺育兒女始知孝——孝養人親。

●做人誠懇，處事踏實；事業成就看胸懷——懷志力功。

○人無比較，心易快樂；世物可平心難平——平當心淡。

●虎行雪地，梅花印五；確立霜天竹葉三——三家樹外。

○腦不生銹，得須勤用；身無腐朽常活動——動活各殊。

●人活得久，快樂當多；心要放下曰無愁——愁曰難度。

○人性難測，多因境異；動靜恆宜世塵少——少看修持。

●科技生根，并非玄想；文明超前眾努力——力靠齊心。

○山高谷深，雲霧瀰漫；怪石嶙峋風景美——美多去賞。

●心地平穩，安靜泰祥；身處林園淨心美——美當洗心。

○養兒防老，難謂今曰；人當遠慮免近憂——憂不形色。

●活難百歲，常慮千年；死將蓋棺尚憂出——世無神仙。

○處於塵世，去掉身段；理於俗務須公平——平非則鳴。

●丟掉八股，莫作老朽；咬文嚼字非時宜——宜趕時代。

○中國不幸，帝專太久；百姓何辜做異民——民非族制。

●一憤亡身，使氣太傻；生命尊嚴自珍惜——惜當理性。

○學點忍耐，包容化溶；遇事急燥紛難解——解必互諒。

●忠貞愛國，敦睦鄉鄰；侍親孝順持家勤——勤儉耐勞。

○生活樸素，休閒輕鬆；工作忍真處事明——明達決斷。

●自裁生命，非常不智；理性解決退步想——想到未來。

○陽光下面，絕無黑暗；藏污納垢皆塵寰——寰宇獨清。

●身藏刀械，加速自己；遠離兇器心必安——安於事業。

○餘味裊裊，沁人心脾；口子酒香數睢溪——溪泉釀酒。

●為人正大，接物誠退；執事競業求知識——識廣心宏。

○沈默內向，難吐真言；人無壓力難奮前——前途光明。

●家有殘障，慈悲愛心；人無體缺當感恩——恩來惜福。

○積錢防老，固然理想；無錢要老得心安——安度餘年。

●人生塵世，只問公益；諱言私務心偉大——大必眾敬。

○處理俗務，智重於情；言行并舉心果斷——斷必先謀。

●天地之間，物各有主；若非自己別枉取——取必違心。

○仰望藍天，白雲裊裊；班青水綠伴我眠——眠享心樂。

●紅塵萬縷，紛擾難清；享安寂寞世間福——福看人想。

○漢人學了，胡兒語話；跑上城樓罵漢人——人挾外重。

●江上清風，山間明月；取月不竭寶無盡——盡情享用。

○罄南山竹，畫之難窮；決東海水言不盡——盡情暢懷。

●食物噎喉，腹肌橫隔；用力按緊物吐出——或倒栽蔥。

○麗鉬藍天，萬里無雲；刀兵災劫永絕塵——塵揚禍來。

●親喪不奔，難謂人子；考妣不斂有負親——親當服孝。

○要言不樂，字省則省；文可達意不宜多——看多人厭。

●戰亂連年，內患外侮；軍閥盜匪災劫生——生不逢辰。

○宮庭殿宇，園林城廓；朝代興衰嘆無常——常人難測。

●征伐殺戮，胡茄悲鳴；戰衣難卸上沙場——場吊勇士。

○做了固可，言了不行；世上事物人難懂——懂了反難。

●人生旅途，成敗皆有；究其結果因素多——多應檢討。

○生活起居，食衣住行；日月升降時序變——變以轉老。

●禍福無門，難測突降；雖處太平當警惕——惕勵一生。

○漁樵晚唱，陌上楊柳；煮酒品茗看斜陽——陽關情歌。

●地球村內，任居遨遊；行不能言口難開——開必懂語。

○認識自己，應先人明；實事求是莫空想——想多發瘋。

●光鮮外表，隱藏抑鬱；懷才自負嘆世薄——薄非別人。

○自視太高，確無表現；雖然庸碌人肯定—定必出頭。

●中華民族，五十年來；農衣定食在寶島—島上自由。

○多做多得，少做少得；不做不得看人得—得要付出。

●以橄欖油，和算盤粉；湯火灼傷藥神效—效前抹勻。

○胡蘿蔔一，沙糖一匙；米酒一瓶浸一週—蛋黃溫服。

●桃仁三兩，熬水服下；治瘡膀胱腎結石—石化無痛。

○估量自己，秤秤別人；表現突出不受忌—忌化為友。

●資本社會，窮富皆有；人不競爭難生存—存看智勞。

○前存銀行，年老吃息；年壯賺錢多儲蓄—蓄無必苦。

●蛋黃十粒，白糖四勺；米酒一瓶浸十天—溫服補身。

○胡蘿蔔汁，泡雞蛋黃；加鹽少許溫半熟—早上常服。

●想占便宜，得先吃虧；人能吃虧得便宜—宜人得宜。

○臭事張揚，人心必惡；善行普傳道德高—高因眾仰。

●褒出公正，貶不損人；情理至當得共鳴—鳴因人服。

○天地人物，各本其道；行不循軌必亂源—源頭宜明。

●懸泉飛瀑，真天奔下；清嶸峻嶺山蔽日—日隱難窺。

○千里冰封，塞外駝羊；杏花煙雨江南景—景色殊異。

●朝觀晨曦，夜賞明月；閒雲野鶴在在身—身不染塵。

○娩前陣痛，癌末慘疼；生不疼痛去必安—安其心淨。

●人生因緣，因非天定；嫁娶投情得看心—心田倆定。

○心門交瘁，遍體鱗傷；傷口撒鹽宜斟酌—酌當慰藉。

●凍地寒天，傲霜綻放；數點梅花天地心—心雄孤寂。

○滔滔江河，亙古長流；巍巍高山叢挺拔—拔地直立。

●權在當頭，友不冷淡；宦途遭厄情反增—增義送暖。

○溫謙敦厚，口德餘音；氣象萬千文士風——風度人欽。

●心事人和，明如白日；才華玉韞珠藏裏——裏色用顯。

○光明在前，黑暗後跟；持盈保泰不餒驕——驕狂必敗。

●瘴海炎陬，處若清涼；福禍相依當知勉——勉無禍多。

○噬臍悔過，呑舌知非；人獲寬宥當報恩——恩於生明。

●邊行百業，各獲生計；奮力鑽研出狀元——元首人散。

○人處逆境，悉力以赴；身置順境惜福恩——恩報人德。

●蘭生幽谷，無賞亦芳；敦品力學困不改——改了人鄙。

○貪味山珍，愛嗜美食；身懶運動心梗塞——塞脈中風。

●曲示矜哀，薮憐哀暮；恩異常人和圖報——報未負情。

○落淚訴苦，喊痛認輸；男子丈夫豈能有——有了人鄙。

●瞎子摸象，昧明全般；處斷事情顧大局——局部必損。

○智力品德，受人敬重；魄力理事辦法多—多必辦好。

●主動合作，負責熱情；實踐領導思維週—週必顧全。

○有守有為，擔當魄力；誠正廉明報效國—國家至上。

●黑豆冬瓜，白菜空菜；益腎四物宜多食—食必有益。

○腎臟活絡，產後護腰；泡少許鹽濾乾炒—炒黑豆食。

●天道好生，固厭兵事；用非得已合天道—道中太平。

○宿命安排，難定人生；拼力打拼轉命運—運由自定。

●均衡信心，品德才能；學識工作潛能強—強化人性。

○有賺虎吞，無賺虎睏；花錢容易賺錢難—難無有法。

●下腹突出，腰富易酸；腎炎浮腫吃黑豆—豆強腰功。

○南船北馬，環境地理；橘化為枳氣候異—異地土地。

●自古勇士，來自田農；親兒妻夫戰場征—征伐為國。

○大亂戰後，太平運用；治國賢才興改政—政分良窳。

●平實做人，恬淡為懷；世海詭譎舍虛榮—榮後多辱。

○您爭我奪，錙銖較量；大限來時一場空—空何不讓。

●錢勢似水，水深沒人；官祿如山多風險—險生人忌。

○是王非張，是張非李；昔日萬歲今誣篾—篾由無骨。

●兩利相權，但取其重；兩害相權宜取輕—輕重當審。

○時代尖端，皆欲先得；開創新局誰不想—想以智用。

●征戰歸來，頤養天年；自古英雄多寂寞—寞貼出來。

○事不愉快，何必重提；塵寰雲煙過去了—了當高興。

●以權凌人，其行必鄙；以財炫耀子難善—善無以德。

○順得哥情，但失嫂意；身處姑婆難為媳—媳忍將婆。

●生命時光，流逝滴完；人間歲月須珍惜—惜福遠禍。

○拌嘴調侃，打鬧鬥情；罵俏趣味回憶甜——甜中含酸。

●活結死結，皆是人結；心中情結莫扣牢——牢必難解。

○錦鏽河山，文化燦爛；巍巍中華五千年——年年綿延。

●做夢發財，一步登天；天下午餐難白吃——吃看人為。

○身無負累，捨愁少煩；心無牽掛世神仙——仙本人修。

●槍殺竊殺，仇殺暗殺；情殺兇殺無名殺——殺了難了。

○站到身外，反觀自己；究係何形須察明——明了彼此。

●世上記者，書天下事；真筆曲寫勿憑意——意本良知。

○山水湖泉，亭台樓台；園林洞窟奇花石——石異境美。

●不忘祖先，慎終追遠；敬拜前賢好子孫——孫承遺志。

○飽讀詩書，心懷萬壑；璨遊世界山水情——情皆不同。

●人生路程，百折萬難；意志堅定事業成——成當不驕。

○遙想當年，雄姿英發；灰飛煙滅談笑間——間於無常。

●成吉斯汗，雄霸歐亞；建立元朝稱人豪——豪氣今無。

○打球登山，旅遊歌唱；跳舞雀戰聯誼會——會以友情。

●豁達胸襟，內在寧靜；物質知足關懷心——心本仁愛。

○肉少於菜，醉多於鹽；嚼多於吞少車行——行步人健。

●須少於悟，儉多於奢；受少於施儉慾福——福來少欲。

○美言不逆，逆言不美；醜化惡化須看真——真偽辨明。

●書法繪畫，攝影集郵；奕棋種花花養情——情增誼長。

○身心健康，仁慈心腸；虔誠平實純淨心——心有仰信。

●自我教育，期許宜嚴；環境和諧徹悟理——理通人情。

○衣少於汗，吸多於呼；說少於唱少辯爭——爭默權用。

●糖少於果，茶多於酒；節多於飽少逸好——好因多勞。

○口少於手，禪多於眼；笑多於怒少謗美——美來多省。

●維他命D，蛋白質鈣；牛奶魚豆綠葉茶——茶多骨硬。

○快樂兒童，白髮夫妻；青年男女莫逆友——友難長處。

●時代荷景，當明深悟；莫教潮流衝昏頭——頭宜清晰。

○教育子女，吃苦耐勞；務在年幼去養成——成看父母。

●生活境界，各有千秋；奮力創造光明路——路看人走。

○仇少於愛，德多於損；足多於貧少色壽——壽得儉色。

●骨質鬆疏，人老缺鈣；骨中加醋鈣釋出——出飲骨強。

○道德文章，永留世間；賓靈原野莫荒蕪——蕪無勤耘。

●昔日好友，相繼見背；珍惜情誼不發銹——銹生情淡。

○炫耀財富，誇讚權勢；幼年長長皆避言——言以窮勵。

●布衣菜飯，可樂終身；耕耘傳家讀書人——人不慕榮。

○處家人情，非錢不行；開門七件怎能少—少了難生。

●潛習武術，涵養武德；心靈層面更充實—實踐行言。

○富貴閒人，勤練書法；為官潔身心自明—明污無辱。

●穿梭太空，旅遊星球；廣東宮內看嫦娥—娥皇何在。

○行若行善，福雖未至；禍早表揚心必安—安待福臨。

●放下屠刀，不佛亦佛；存心為惡必地獄—獄由自造。

○人來客往，禮尚相交；逢年過節不可勉—勉了情疏。

●雖有遠親，莫若近鄰；守望相助互得益—益防盜竊。

○穹蒼蔚藍，沙粒晶潔；徜徉海濱看雲天—天下閒人。

●心存美感，遍地皆春；心本邪念萬物醜—醜人尤醜。

○人若行惡，禍縱未來；福早遠去心難安—安須懺悔。

●死守善道，固難為惡；生本無惡必福終—終因仁德。

○潛學孔孟，精研墨翟；俠心儒商千古心——心本拯世。

●百般挫折，反省忍耐；一路順風別驕蠻——蠻生必毀。

○回族婚娶，不嫁外郎；非族娶回改信教——教人日增。

●煩惱在心，難明外人；投訴知友無悶情——情發不苦。

○利盡交疏，忍斷義絕；通家世交反目仇——仇因利無。

●昔日世友，力害反目；君子絕交無惡聲——聲斷情紊。

○人類文化，中國最美；科學昌明歐美先——先得我用。

●身為華僑，不忘祖國；心若忘本難算人——人當尋根。

○有了今日，必有明天；人類歷史今明累——累必不斷。

●夕陽無限，把握黃昏；美麗人世任遨遊——遊必遠憂。

○名流縉紳，官宦學閥；水乳交融利相結——結解無義。

●青山長在，綠水長流；原野大地多美麗——麗人人慕。

○歐美學府，特重專技；國無人才難稱強——強須教育。

●外丹氣柔，電自來身；內功氣凝久發熱——熱流體內。

○祖宗牌位，槓跟四海；做個中國人有榮——榮不忘本。

●大圈小圈，心劃必醜；門戶開放遠近親——親己親人。

○掌聲噓聲，得意失意；塵海風波皆人生——生當看開。

●山泉直瀉，溪水湍流；千巖競秀萬壑爭——爭向大海。

○愛情傷口，藥無特效；夫婦鬥氣隔日好——好必互諒。

●夫妻分道，不干兒女；各負其責勿使孤——孤有難安。

○身為華僑，不忘祖宗；中國文化五洲揚——揚於四海。

●挫折厭力，僅為一時；勇敢突破路必明——明燈在前。

○吸氣腹脹，呼氣縮腹；呼吸唸秒二十次——次得有恆。

●峭壁險峻，瀑布壯觀；日夜奔騰神奇景——景致絕俗。

○湛藍大海，碧波萬頃；天空浮雲閒盪飄—盪出閒情。

●稍有一得，沾沾自喜；不自人鄙亦必狂—狂形必敗。

○情海本空，相識不識；創傷難醫自找煩—須了心苦。

●體驗鄉村，接觸原野；荒涼大地悟人生—生明境界。

○落日餘暉，晚風輕拂；夕陽黃昏看晚景—景色當惜。

●通神使鬼，錢易招禍；通神使鬼自貽戚—戚戚難了。

○春暖花開，夏日炎炎；秋霜冬雪四時景—景色殊異。

●熱若沸騰，冷若寒霜；冷熱失衡必損友—友得通情。

○妄念成灰，相思枉醉；亂緒快斬須自理—理去則安。

●岡阜農場，田園風光；遠離塵囂靜謐靜—境幽心淨。

○錢固可愛，當看效用；淪為物役必可憐—憐人鄙貪。

●貧窮纏身，雄才難展；一生困勞人難為—為業須勤。

○伙伴皆去，心必感傷；功名利祿一場空——空宜看開。

●身處富貴，當體貧窮；境界殊異晤人生——生當恬淡。

○那段日子，過得好美；回首往昔堪迷戀——戀多痛苦。

●陰陽難測，測可為神；吉凶禍福非天定——定事在人。

○任何事心，皆有關心；置身其中當突破——破必前導。

●有些事物，因順自然；培養情趣可過來——來必強性。

○大地河山，壯闊美麗；英雄豪傑為獻身——身去人來。

●緣聚緣滅，花開花落；客去席散生死輪——輪領風騷。

○處在當時，孰能體悟；事過境遷憶好美——美當珍惜。

●美麗看破，乾枝枯骨；人生看破是生死——死前名利。

○智悟超前，世謂賢哲；事物興衰則有徵——徵候先明。

●本於耐心，細心愛心；誠意善意去協商——商討達成。

○瞽叟愚頑，但生孝子；堯帝至賢兒不肖——肖看教養。

●神仙佛道，通力合作；研發善果極樂丸——丸無邪惡。

○蘭心蕙質，編織情歌；中華兒女譜心曲——曲由人唱。

●人美萬物，怎可慨言；世上苦樂看感受——受悟得情。

○天道循環，生滅反覆；物極必反盛極衰——衰而復強。

●馬行千里，非馴難往；人志衝天有運通——通靠才時。

○顏回短命，人非兇惡；盜跖長生心不善——善得昔果。

●楊枝淨水，遍灑三千；性空八德利人天——天壽廣延。

○積聚財富，當思回饋；身無所有須奮發——發由志雄。

●溪澗飛瀑，巍峩蒼翠；奇岩巉壁峰壑深——深水山環。

○蜈蚣百足，行不及蛇；孔雀翼大飛欠燕——燕飛逾孔。

●文章冠世，孔子困陳；武略超群渭濱釣——釣必太公。

○李廣射虎，老死無封；馮唐懷才生不遇——遇得良主。

●天不得時，日月無光；人不得運志難展——展靠機才。

○覺而不迷，正而不邪；淨而不染佛法僧——僧戒定慧。

●英雄本色，堅苦卓絕；由貧轉富豈奢華——華守平淡。

○俯視眾生，皆為菩薩；唯獨是我列凡夫——夫俗轉聖。

●堅定自強，奮鬥犧牲；勝利目標在前頭——頭頂光明。

○蛟龍未遇，潛隱魚蝦；君子失時小人制——制難永久。

●阿彌陀佛，總羅八教；圓攝五宗信願行——行往淨土。

○心奉塵剎，為報佛恩；人身難得作福田——田潤滋眾。

●深秋夜涼，回首前塵；風雨寒霜任憑吊——吊各有別。

○等待猶豫，觀望徘徊；挫折失敗當立悔——悔必改徹。

●醜化自己，美化別人；惡於個人善他人——人人皆好。

○心量廣大，色容萬物；畫地自限尋苦惱——惱由己造。

●寶庫書中，尋覓智慧；在傳統裏創新機——機鋒先握。

○地位權勢，曇花一現；名利財富難帶走——走了皆了。

●心本常泰，皆是君子；心多常勞為小人——人當容人。

○孰謂君子，誰謂小人；以義欲別皆非正——正由心判。

●清風明月，落花水面；能解禪機皆禪趣——趣由悟得。

○纖指禪動，萬馬奔騰；華夏千載樂聲揚——揚我雄威。

●苦自品嘗，樂與人享；心懷喜歡那來愁——愁生於煩。

○美女嬌娃，英雄稱霸；帝王將相驚起落——落花流水。

●以義處命，必為君子；以欲犯命是小人——人守本分。

○一瞋念起，惋障門開；劫於功德皆由瞋——瞋無人愁。

●滄海桑田，天地反覆；神州板盪夢中飛——飛向虛空。

○窮富皆可，品質宜高；貴賤世無由人評—評賤反貴。

●身體靈魂，兩者非一；靈離身殼身必滅—滅非靈魂。

○四週環境，空無想像；天地正氣在心中—中心有佛。

●經典如泉，踴出法水；賢愚常飲皆潤心—心智從善。

○石火光中，爭長論短；蝸牛角上較雌雄—雄縱幾時。

●不曾失敗，難體成功；苦愁未嚐豈知樂—樂味奸酸。

○主宰人類，莫過死亡；千古聖雄皆低頭—頭顫抖慄。

●兩眼看穿，生死大路；雙肩承擔千古愁—愁去必樂。

○百尊灌頂，心法得傳；心輪貫穿到頭頂—頂佛於心。

●賢的是他，愚的是我；閒思往事復何悔—悔當自悔。

○綠水無憂，因風吹縐；青山不老雪白頭—頭易髮霜。

●人被指責，事不稱許；古今善惡難論定—定德不愧。

○地球村人，距離拉近；電視廣播居功先──先人奉獻。

●色關氣關，生命攸關；人情感情難為情──情本在真。

○深院塵稀，書聲韻雅；明悅風靜墨花香──香味滋心。

●勤於靈修，清靜領悟；佛法基督在唸禱──禱信願行。

○如何唸佛，得無間斷；一信之後不再疑──疑難往生。

●言貴真切，語重平實；行止光明人佩服──臉在心敬。

○丹青抒懷，詩可明志；文以表情皆在心──心通古今。

●世情愛情，親情友情；面對世物懷同情──情得恕仁。

○丟棄萬事，看作糞土；背記背後向前跑──跑得錦標。

●佛度眾生，不信難度；持名唸佛必得度──度脫生死。

○人生百態，富難體驗；窮經憂患明珍惜──惜福必樂。

●功於私處，滋身養體；行於功德可潤眾──眾心歸向。

○萬般屢他，名時苦多；身無由己自在樂——樂不生悲。

●粗茶淡飯，明月清風；心清閒逸遨王侯——侯門似海。

○遠離爭端，忘掉仇怨；明淨寧和精神安——安心度曰。

●心中快樂，世事無憂；白雲藍天看個夠——夠了反愁。

○權操在我，一切可為；事決於人盡力協——協以成業。

●斑剎褪色，一張小照；荒遠迷離難記憶——惜昔苦甜。

○節身慎言，守攝其心；捨怨報德忍辱強——強多自勵。

●紅塵逐鹿，龍爭虎鬥；天機算盡有餘愁——愁以淡解。

○師如善歌，生繼其聲；父君喜教子承志——志由心傳。

●晴天固好，風雨亦美；心無愁煩自歡喜——喜得感受。

○燈火斕珊，踽踽獨思；山高月遠憶昔情——情牽難忘。

●十萬公里，大好河山；盡收眼底半曰遊——遊小人國。

○五千年來，華夏文物；一日看完美難收——收在眼底。

●匹夫見辱，挺身起鬥；豪傑遇屈難驚怒——怒非人雄。

○天下固美，無緣難賞；地上珍饈供人嚐——嚐得人勤。

●環境好惡，看人運用；生活裕乏論奢儉——儉是美德。

○淡水幽幽，日夜奔流；台北橋下無前窩——窩心溫暖。

●夢幻泡影，物皆假象；一切虛空如是觀——觀必自在。

○人屁車屁，滿街是屁；車聲人聲處處聲——聲聲難寧。

●水光瀲灩，澄碧煙霞；山色空濛挹清芬——芬芳潤心。

○世上午餐，沒有白吃；地下寶藏應奮挹——挹必豐得。

●家變國難，固遭不幸；道路坎坦徑有別——別看人修。

○心無物欲，秋空海闊；坐擁琴書室丹丘——丘陵仙境。

●藏風聚水，地靈人傑；修德養命運自通——通達情理。

○敬神禮佛，沐浴淨身；虔誠祈禱感應通──通於天心。

●肉身色身，總有了結；國家民族無盡期──期許萬世。

○世本無苦，多因觀念；人不快樂是為煩──煩去解脫。

●冤親相聚，皆由前因；人世結緣均昔果──果分苦樂。

○事不執著，隨緣以去；心靈解脫樂神仙──仙佛性間。

●語意親和，群力易融；論有層次眾皆傾──傾心人服。

○德薄刻傲，必當憎恨；責人非仁思堪受──受宜本惠。

●明福用福，培福惜福；人能知福不枉生──生本幸福。

○昔非今是，一切休論；後果前因心神明──明白去掉。

●兩手空空，來去皆無；世上萬般均非有──有了難了。

○紅煙翠霧，飛絮遊絲；白雲悠悠嘆癡情──情得郎心。

●劃地自限，識難明達；自然空間任翱翔──翔於藍天。

○自卑自賤，豈謂丈夫；自大自狂豈稱豪——豪須謙恭。

●不明因應，人必呆板；事無原則難求成——成以變功。

○林園樹民，花石鳥鳴；山緣水淨空氣鮮——鮮必沁心。

●碔砆亂玉，魚目混珠；物類真偽宜辨明——明無假貨。

○天年有限，德業無窮；精神永垂世人仰——仰必福民。

●世變無常，心情流轉；坐看浪花觀浮雲——雲霄俯塵。

○解決問題，先明內容；分析造因求癥結——結症下藥。

●治人大法，樹以禮義；立人名節以廉恥——恥知為人。

○庭園花卉，無恆主人；大地河山得閒宰——宰在心中。

●世相無常，勿懷憂惱；修持精進早解脫——脫俗入聖。

○沙婆淨土，就是西方；何處西方在心頭——頭號唸佛。

●刀割體傷，疤瘢易縫；語劍擊心痕難消——消去言刻。

○縱的幸福，靈苦解放；橫的幸福境自在——在心快樂。

●豪傑英雄，吐氣揚眉；奴僕屢從非呑聲——聲含反判。

○佛無別佛，唯心則是；土無淨土看心別——別土無淨。

●中華兒女，生來穎慧；世上人種皆遜色——色有不同。

○山川草木，清雅宜人；一丘一壑景色新——新鮮淨潔。

●風吹梅花，晚點飛紅；雪飄舞翔看銀色——色皆淨白。

○情含傾隘，途分坦坎；人有順逆心判明——明白應對。

●紅塵滾滾，人心洶湧；山脈綿綿有高低——低浪逼潮。

○台灣大陸，皆屢炎黃；文化傳承本一脈——脈絡相通。

●風弄竹聲，月移花影；夜靜水寒空船歸——歸向天籟。

○海上仙島，人當知福；陸地大地民有憂——憂貧鬥批。

●佛陀精神，普渡世人；證嚴上人偉業建——建為慈濟。

○多看古書，始明古事；古若今來今若古—古今有異。

●奸友著得，如對明月；奇書能讀勝看花—花美人豔。

○世上萬物，以人為貴；今得是人當惜福—福來知享。

●春風得意，笑不足奇；貧病憂困展顏美—美看涵養。

○不聞晨鍾，難知惕勵；罔聽暮鼓豈明錯—錯有當改。

●願下地獄，拯救蒼生；捨上天堂為拯人—人類苦多。

○看人書易，著本書難；能寫好書難上難—難常寫讀。

●精神到處，文章老練；學問深時意氣平—平無燥心。

○讀萬卷書，識廣識豐；行萬里路閱歷多—多看世界。

●人昧理財，一生窮困；入少支多必受苦—苦因自找。

○壽命時限，生命不一；長有萬年短一日—日相遞演。

●德富以仁，易張其善；倭有富刻薄其力—力以致富。

○富在家中，關門數鈔；窮遊四海去創業——業得識廣。

●伸手要錢，雖大必小；放手給錢小必大——大人看錢。

○二十世紀，兩次大戰；人類殘酷已覺醒——醒必共榮。

●為公則一，為私萬殊；人面不同面皆私——私去品高。

○明人不病，因其懂病；概因知病故不病——病其無病。

●世人皆病，因不懂病；但不知病故全病——病其有病。

○有錢富人，雖小必大；無錢窮人大必小——小雖妄大。

●夢幻仙境，舞姿曼妙；古典現代融一體——體明改進。

○專制王朝，拖垮中國；愛國志士紛起來——來路各異。

●蘇聯社會，行年七四；難抵民主一夕垮——垮了回頭。

○帝制去位，軍閥爭權；危害中國人民害——若因干戈。

●人分明愚，明者卻病；愚者得病故多病——病來不懂。

○東西南北，踏遍山河；大陸尋奇態旅揚——揚帆難歇。

●表不知裏，謂之失明；內不知外則謂昧——昧難機先。

○大街巷衢，人塵喧囂；機車噪音難安寧——寧看心靜。

●人鄙富貴，生髮貧窮；性喜修道降教門——門外難懂。

○千古功勳，永載青史；萬代罪魁世人恥——恥看奈檜。

●青春歲月，大好前途；偈處死守自找苦——苦創事業。

○禽獸有知，但少仁義；草木有生但無知——知人則具。

●展紙揮毫，抖落紅塵；閉戶觀書潤心田——田濕怡情。

○空虛彷徨，孤單恐懼；寂寞無助來去匆——匆不氣餒。

●世人怕窮，視錢猶命；富人心貧性常貪——貪難帶走。

○日益變化，年年變化；心不變化必老化——化了人生。

●種如是因，得如是果；塵世人生多行善——善施無惡。

○關懷生活，扶慰人心；友情不忘念舊誼——誼由緣來。

●竹空受益，松鶴延年；人靜心專思則通——通明世情。

○養子為患，弒親逆倫；生不關懷枉育人——人為國用。

●人常為善，人我皆樂；勤耕詩書滿室香——香飄鄉里。

○舊學邃密，新知深沉；白話宗師胡適之——之為學人。

●他要長大，您卻要老；生死傳承永不休——休非不生。

○山賊易去，心賊難除；外敵易半內奸難——難先於內。

●奪天理想，命喪則空；歲月無情不由人——人算難天。

○客來寒舍，莫嫌茶苦；茅屋常飄菜根香——香酒芳鄰。

●戰勝自我，可勝外敵；外敵易勝自勝難——難非外人。

○道義相勉，始終如一；莫逆情誼淡味長——長為君子。

●十九二十，歐美風騷；念一世紀中國人——人人爭氣。

○人處朝中，當憂其民；隱居山林宜思國——國為眾愛。

●河中之魚，失水難生；塵海之人難離塵——塵有清濁。

○他看恁好，您瞧他樂；自我甘苦難人言——言多愴懷。

●二一世紀，五〇年代；世界人口百五十——億滿全球。

○盤坐蒲團，容得天下；天外有天放眼觀——觀心悟禪。

●囚寂無聊，言激獄卒；爭辯反怒遭狠打——打反奮舞。

○智愚貧富，貴賤賢佞；人類永遠難平等——等到大同。

●人愛嗜好，得一則滿；世外塵囂少去管——管多心煩。

○凜然風骨，神聖難犯；恃才傲物欠圓融——融和展志。

●行如刀刃，如履薄冰；水失冷暖飯失味——味因命危。

○夫喪女兒，勞囚六年；未亡浩劫姚念媛——媛為鄂籍。

●中國暴君，無代無之；十年文革超前朝——朝後絕無。

○東歐突變，蘇聯解體；德國統一看中國——國分望統。

●病以無病，知病不醫；病入膏肓病以晚——晚病難治。

○有情人生，無情世物；有情紅塵無情事——事緣心結。

●幸福在心，豈在人眼；榮華非表心內苦——苦難表達。

○滾滾紅塵，浩劫千萬；宇宙流沙一微粒——粒存看福。

●黃蓮固苦，貧病尤苦；紙張縱簿莫人情——情以厚待。

○心如止水，時久必苦；開朗情懷必然樂——樂享天地。

●人在快樂，懵然不知；身罹疾苦心始明——明在保重。

○管鮑相交，鮑知管貧；管才鮑荐終羈齊——齊強民富。

●人生在世，失足留恨；回首已是百年身——身惜如寶。

○登天固難，求人尤難；江湖縱險莫人心——心本仁慈。

●塵世舞台，錯綜複雜；非經磨折人難知——知當勇克。

○海棠風情，大陸尋奇；八千里路雲和月——月照台陸。

●塵海中人，遇緣則師；溪聲山色皆禪機——機失心憾。

○溺職則辱，稱職則榮；仕官大小關係名——名清人敬。

●得不忘形，失不喪志；莫自膨脹不剛愎——愎納人諫。

○論人之言，可據其跡；不可探求其人心——心究難德。

●窗外紅塵，街人車滿；獨擁閣樓靜觀書——書潤心田。

○史難回頭，卻會重演；名人傳記應多看——看會運用。

●性本童稚，靈性提昇；態度正向莊嚴心——心不迷惑。

○在世為人，當盡人事；做人處世須負責——責由天命。

●論人之道，當厚其心；不可執著其人跡——跡究不仁。

○生死永別，壽命大限；絕難以情去牽回——回歸自然。

●漁民無奈，畏窮漂海；倫渡遣返復又來——來台打工。

○飽學人師，科技眾仰；功名富貴難百年——年非仙年。

●喜氣吉祥，平安順遂；財富壽考永遠福——福來珍惜。

○家成故宮，不是夢想；名畫彩印人可擁——擁購選掛。

●一個海峽，隔開陸台；大洋無際血濃水——水陸結合。

○終身辛勞，難得悠閒；工作勤奮為妻兒——兒大養親。

●懸崖勒馬，應為不為；君子慎獨暗不做——做必人明。

○年節壽慶，婚喜稱月；喬遷高昇金榜賀——賀人人賀。

●幸災於人，其心難德；樂禍於人其性殘——殘難為人。

○時代脈動，世界潮流；資訊靈活去掌握——握必運用。

●烽火狼煙，樂土難尋；美國天堂看洛城——城為鬼域。

○不計一時，難爭千秋；時代精神萬古傳——傳承不綴。

●家融百代，世上固無；人窮一生實在有——有必奮志。

○天堂地獄，區別在心；善惡正邪看行為——為事神察。

●民別等級，當數元朝；紅黑分類看專政——政有不同。

○活無百年，名利難捨；崩有抱負應為民——民感仁德。

●得名不喜，無名不計；失利不憂有利淡——淡以坦處。

○塵海浪險，峰巒幽邃；跌陷深谷待人拯——拯感德報。

●為了婚金，不惜冒險；為情為愛留遺恨——恨前當思。

○心中有愛，一切好談；心中無恨萬事諧——諧得人助。

●人世茫茫，各忙生計；塵海浪潮苦樂園——園內美醜。

○聖非天生，較人聰智；賢得眾敬為民福——福以反報。

●人生愴懷，淚難傾訴；歲月磋跎豈堪憶——憶當奮起。

○橋涵坑道，公園亭內；候車坐椅流浪人——人以為床。

●不願成名，偏得虛名；不足名人卻名人——人為名死。

○飽藏禍心，高深莫測；老謀深算用心機——機明警處。

●善良寬厚，慈愛堅貞；永世恩情為母親——親當反報。

○塵海人類，難避煩瑣；生活細節計宜精——精無必敗。

●壽終正寢，人世常情；兇殺罪亡老送幼——幼傷老心。

○火災車禍，機難天災；地災暴亂盜搶劫——劫未看福。

●時政貶責，嚴加斧鉞；昔以文章達帝庭——庭常重用。

○坦骨荒野，魂歸絕域；謫邊萬里慶生還——還看祖先。

●父兮鞠我，母兮育我；欲報之德昊天極——極不忘親。

○荒煙蔓草，墳滿山崗；病榻呻吟待絕塵——塵巒必苦。

●病榻止氣，上太平間；冰屍房裏人斂程——程赴荒山。

○人生途中，難測風雲；身得安樂是幸福——福由人修。

●碩學鴻儒，書上萬里；國之興革進身階——階梯直入。

○盡力去做，自會成功；看準事業妥計劃——劃分階段。

●官場失意，文場得意；失之東隅收桑榆——榆樹民發。

○人外精神，一生勞攘；身收精神心惻慈——慈愛世人。

●戰地難民，逃離亂區；人類生存望和平——平安快樂。

○昨日去家，今夕魂歸；塵世夢醒嘆人生——生離死別。

●以人相比，禍福萬般；以事相較看智愚——愚處必拙。

○萬花呑中，幽香冷豔；超然獨絕一芳蘭——蘭滿庭園。

●人談利害，心情嚴肅；身置事外樂陶然——然宜淡處。

○死生循環，四季週期；汰舊換新自然情——情失難挽。

●高速公路，車陣猶龍；省縣道中機車雄——雄風人危。

○多種水泉，混合打汁；當作飲料保健康——康強沒病。

●沐浴春風，迎接朝陽；嘉德懿行世範欽——欽仰人品。

○裔之追尋，根之起源；韓氏元末洪洞來—來皖又台。

●爭札奮勤，皆為生存；戰斗不懈求幸福—福來惜福。

○經意之言，當為正言；無意之語是真情—情發內心。

●台灣人民，來自大陸；山胞名改原住民—民分先後。

○母親節日，兒女孝情；獻上萱草康乃馨—馨慰母心。

●世上事物，以愛維繫；天下萬端本情理—理評法決。

○夷吾故地，皖北潁上；淮河水經潤河集—即居韓裔。

●高潮熱鬧，喧嘩焦急；競爭激情終將去—去亭安寧。

○心智成熟，做人正常；理性通達處世明—明白人情。

●古時賢豪，立國英雄；有功於世鑄金鼎—鼎立千秋。

○淡淡幽者，清新高雅；花卉名豔香石竹—竹繡馨香。

●衣冠楚楚，滿腹經綸；莫以行貌論人品—品分善惡。

○窮處鬧市，何人敢問；富隱深山訪客多——多因人求。
●人譽我謙，復增一美；自誇自敗則滲毀——毀非人毀。
○道德防線，發炎則毀；無論人家和團體——體以仁義。
●隱冤難名，蒙察昭雪；臨終囑女報文忠——忠鰥得侍。
○生無根蒂，飄如陌塵；死有人埋難謂獨——獨立性格。
●引清入關，三桂不忠；曰誘佩孚難屈吳——吳姓光輝。
○蒼生默默，歷史如雲；灰飛煙滅亂世人——人淚酸甜。
●心情相投，義結金蘭；親情友情戀愛情——情以久甜。
○不畏強權，無視生死；沒燒鴉片林則徐——徐為國格。
●胸懷韜略，無人器識；縱擁雄謀位永卑——卑難廟堂。
○不矜不伐，有守有為；公忠為國識大體——體諒人我。
●誣陷忠良，長跑岳墓；人到墳前恥姓秦——秦檜罪魁。

○事無牽扯，難識其人；友不往來豈結情──情得濃淡。

●事為人想，天下太平；心想公益世必安──安人自安。

○國家元首，兩位必爭；決定政策號令一──一致為民。

●科技專才，難以價論；國家興改須借重──重必貢獻。

○江山風月，心閒得主；樵翁冷眼看人忙──忙人不忙。

●自強不息，知足常樂；量力勤為自得閒──閒人自閒。

○奕棋茗茶，吟詠飲酒；讀書郊遊聽演講──講天說地。

●國家興衰，教育為先；社會治亂看道德──德由心發。

○阿拉斯加，原為俄帝；美國買下金寶庫──庫藏難量。

●江上清風，山間明月；花影掠人夢中仙──仙中之仙。

○亞裔美人，各有凝聚；台港大陸人不分──分必無力。

●困厄一時，不必氣餒；堅守原則終得成──成因變應。

○精神愉快，起居定時；食物清淡常活動—動必壽長。

●以己之廉，勿病人貪；取怨於人非德為—為慾難德。

○人愛於名，則易招怨；事務於實則易成—成以名歸。

●口惠實飛，取怨之翼；事美意惡難言德—德為必患。

○佞心如針，難諒一物；德人遇上待一禮—禮默容化。

●德無鉅細，皆稱為善；恨無大小盡為惡—惡揚德棄。

○福生有限，福積無窮；福本無生多自招—招於禍福。

●力有所及，當行善事；量有不逮存好心—心惡行禍。

○堆土成山，風雨則興；蓄水成川蛇龍生—生善積德。

●成人美事，其德必招；動人善願量無涯—涯毀無義。

○人貴不寬，必招橫禍；人聰不厚易夭年—年寬厚壽。

●英雄縱雄，關色難勝；聖傑固聖難抗魔—魔高一丈。

○詭難勝敵，但易失友；人欲逞雄不棄舊—舊念則德。

●蛟龍失勢，形與蚯蚓；猛虎離山狀類犬—犬受人欺。

○認真仇敵，分辨真友；人委敵友隱不露—露測危困。

●不藏於怒，不宿於怨；仁厚捐怨非威防—防非怨有。

○諂媚似貓，先亂後毀；逆諍如藥苦後甜—甜不抓背。

●友誼處久，難諧於時；忍不惡言霧立散—散必易合。

○金試於火，友測於難；情驗於心可知人—人當本義。

●人無主見，則易為奴；事隨置發當有謀—謀策先智。

○惠施於厚，易報為美；人結於怨生禍源—生怨難親。

●與友相處，坦招非誘；寧棄勿慢德人風—風非以術。

○失林之鳥，望類易鳴；損義之友心悲號—號務性殘。

●魚脫於淵，其命難久；人棄於友生必獨—獨當重情。

○良玉易琢，與石同質；人非歷鍊難成材——材玉琢器。

●物如芻狗，人似過客；天地逆旅寄浮萍——萍貴人生。

○人裝於衣，馬裝於鞍；屋裝於器德裝心——心裝仁美。

●人於形貌，其形則隨；同於利則心不離——離難同德。

○人若餘貴，不忘於賤；人如於富不忘貧——貧當知富。

●不貴鏡水，則貴鏡人；鏡能鏡人知禍福——福但無兇。

○為友三人，宇宙覺寬；人三敵二天地窄——窄知楚聲。

●交友以誠，易固膠漆；結友以虛難金石——石得友輔。

○待人接物，審辨真偽；明禮知人慎於始——始誠易友。

●生死於友，可明交情；貴賤貧富測交態——態以義長。

○既交以友，非密求喜；守禮相敬難招怨——怨生濃疏。

●友交市賈，以利相與；交友賢德以義合——合不損利。

○人不知言，無以知情；不知於人難交友──友處知心。

●乘人於利，則損友情；迫人於險鑿失義──義無人惡。

○從於他人，知明於己；他山之石易攻錯──錯人勵己。

●義行於人，則有芳草；愛本於心則易仁──仁德不孤。

○友以過失，互本諒恕；情誼當久不生尤──尤無何怨。

●友於處久，必生嫌隙；設不明達難道義──義不謗友。

○人喜於正，正人必至；性好於邪則邪臨──同嗜同近。

●讚揚於人，人嘆必喜；口縱謙沖心必悅──悅不面折。

○讚揚固美，諂媚則非；恭維無實絕巧飾──飾讚實無。

●直木向上，因其不彎；藤條附攀其為曲──曲為難正。

○人之有得，因己之失；己之不失人何得──得失不忌。

●人之性行，長短互見；捨短取長則易友──友擇善交。

○小怨不赦，大怨必生；小敵不滅強必難——難判野火。
●諫人之失，語溫不怒；色厲氣揚人懷疑——疑不詞婉。
○以藝會友，為友則易；以利交友則難友——友以誠友。
●貌似賢德，言行實愚；以形量人則常失——朱未測各。
○二犬角骨，弱必易失；兩雄角勝智者強——強不坐視。
●不輕許人，非易於負；非輕於約人不責——責不則安。
○賢易察愚，愚非知愚；愚不自知賢者明——明不則昧。
●防火則易，避惡實難；惡人口中皆語蜜——蜜易失甜。
○與人同樂，則易結友；與人同好易攀交——交同易近。
●朋友有隙，盡力挽解；勢不能解不宜撥——技隙無德。
○稱人之惡，誠然薄夫；背人則謗必更鄙——鄙人自毀。
●借錢與人，則易成友；索債於人易失誼——誼誼財償。

○無識之友，世稱險愚；邪惡之夥易污伴——伴愛不傷。

●善用於威，豈不輕怒；好用於息不忘施——施亂則怨。

○鏡曜於明，易鑑於容；蚌因合珠則照心——心知人己。

●人稱於善，反躬真偽；人語於德易毀德——德不檢失。

○白玉投泥，不染於污；德人處濁不亂心——心世在人。

●始慎於交，則無悔吝；以誠擇友無反辱——辱友非德。

○事見深遠，則謂高明；觀察入薇稱精明——明於學驗。

●懼於抬怨，必無知友；同德濟心稱自己——己既當義。

○同嗜於好，友情較長；同慾於惡則誼短——短誼難久。

●禮重言甘，有誘於我；物輕道苦情誼長——長貴於崇。

○只知人非，昧察己過；其非拙愚則剛愎——愎反以德。

●松柏於山，直立不倚；藤蘿非攀不能生——生察正邪。

○謀於賢德，亦同自謀；笨於佞徒同於盡——盡辨不陷。

●人積於德，不致於傾；友不擇交易於敗——敗無友濟。

○樹傷於根，難再生發；友羞貧賤難言交——交不毀顏。

●利欲於己，害歸於誰；忍欲於得怨誰屬——屬於得失。

○人寰之中，眾皆可材；策謀於事在人用——用明斷成。

●以德報德，人皆可為；以德報怨大丈夫——夫怨難德。

○鏡照於面，難照於心；美醜於顏心難測——測心慈惡。

●敬賢從厚，稍薄則慢；待佞色容敬必疏——疏因愧遠。

○友不貴多，十可勝千；交不論久一曰可——可逢傾慕。

●取於社會，當思回饋；得益於公須守廉——廉不必污。

○寧可無肉，豈居無竹；淨化銅臭唯書除——除書難香。

●改變歷史，聖雄勳業；決定人生唯以書——書壞坑人。

○無書則貧，沒竹人俗；有技必富藝人雅——雅必人慧。

●同利相期，必互斥爭；同害相依共笑扶——扶樂共安。

○事負於心，良心必愧；午夜夢回數孽緣——不負何孽。

●求信樂通，識用容人；樂通不易容人難——難容無業。

○九金聚粹，孤劍含光；鏗鏘響亮正義聲——仗義執言。

●人類智慧，難別高低；文化薰陶論品級——天縱則聖。

○江山無限，人生苦短；歲月百年易度完——掌握時光。

●權逼人主，上不生疑；勢傾群僚下不忌——德必無間。

○瓊漿玉液，味同飲鴆；清泉淡茶如甘露——胃感不同。

●成功道上，車水馬龍；失敗途中人鬼隱——不隱必義。

○成敗觀念，一紙相隔；歡樂痛苦在感受——能體必得。

●白雲馭風，雄視天際；俯察乾坤念蒼生——能神必仁。

○仇當盡恕，思必思報；仁義傷中無敵人——人無敵豪。

●學驗深淺，當分等次；悟性高低看慧根——根慧必聰。

○人罪當前，哀矜勿善；辭柔同情別樂禍——猖笑易憎。

●光說不練，先練不說；後練再說言行符——符不人惡。

○壽登期頤，秋月春花；子孫秀發功在國——壽必稱德。

●私德公德，皆本良心；社會秩序人守法——法行於罪。

○松柏在山，綠葉長青；花生溫室見風萎——鋼由鐵成。

●恨難久遠，愛能無限；興教本愛傳萬年——人性本容。

○酸甜苦澀，果實滋味；成敗無別在品嚐——嚐味心中。

●身軀臃腫，四肢發達；心智貧乏腦空空——行尸走肉。

○智決謀發，發對人事；私事公事天下事——事策人斷。

●帥才將才，名將猛將；將將將兵將牆敵——敵謂德威。

○人生酬接，雅俗相參；對事應物皆本誠──棄誠必詐。

●謀事宜慎，見事須明；處事本公任事勇──勇無難成。

○憂先於事，始可無憂；事臨於憂無濟事──事不憂後。

●窮有窮伴，富有富伍；人生無伴必然孤──孤必難事。

○人體天生，緣於自然；巧奪造化非本色──欲美反醜。

●傷心極度，悲壯高歌；英雄難灑兒女淚──淚吞苦心。

○關懷物情，垂詢私誼；殷殷動向感人心──御必得情。

●笑黎塗炭，刀俎魚肉；英雄揮戈拯生靈──人類救星。

○魚肉以餌，土貪以祿；人貪以財皆緣貪──妄貪必死。

●職務所在，無忘盡責；人握於權當利民──不益必害。

○先文先武，當稱人雄；祇武不文是莽夫──難謂人傑。

●取人以忠，必察其孝；能孝至親可臨民──無忠難孝。

○宿早人世，住謂豪傑；貧無寸地尚稱雄——雄不殘民。

●君子畏因，小人怕果；不明因果易作惡——惡無善果。

○人性弱點，驕傲貪婪；情慾脾氣與欺騙——不除難潔。

●蜈蚣百足，行不及蛇；雄雞兩翼難飛鴉——鴨能上天。

○質以是非，藉究其志；窮人以詞易測變——能變則智。

●告以危難，可探其勇；醉人以酒則知性——明性易用。

○臨於以利，藉觀其廉；期於以事可關信——無信難立。

●事感性趣，瞳孔張大；話不中急眼必縮——情緒反應。

○人無貴賤，格論高低；職分大小權有別——不辨必混。

●以利相合，利盡易散；用義相結情則長——利寓於義。

○處世待人，以和為貴；理事接物以誠嚴——誠以率眾。

●欲食人雞，先蝕把米；想成學業得犧牲——未勞難獲。

○立德於世，建功於國；著述於身人不朽——萬世必崇。

●不惜花錢，人謂凱子；吝於一文稱猶太——用當以時。

○廣交益友，能益廣則；結於損友知取捨——不捨必害。

●友益友損，在於心判；損益互變看人為——無識必損。

○囿於禮制，生無藝術；放浪形骸難謂人——以禮守藝。

●天空星多，月亮難明；地上人稠心不平——因平故競。

○富貴人家，錦上添花；窮漢炕中薪火抽——世態畫像。

●午夜夢迴，靈明清徹；更闌靜思常得訣——醒悟珍惜。

○炎黃子孫，勤奮圖強；中華兒女豈作奴——苦讀報國。

●氣宇軒昂，英姿煥發；滿腹經綸人必才——貨成人我。

○勇餘可假，固令人喜；功力未發事已成——上乘佼佼。

●同道為朋，多稱君子；以利結友謂小人——共義則久。

○以厚待人，誰敢薄我；以禮敬客孰虐咱—不虐必恭。

●好勝必敗，務名必毀；喜譽人前背易毀—諍言易諫。

○憂先於事，可以無憂；臨事而憂無濟事—事臨智決。

●戒子一句，勝遺千金；德留玉言益後世—能益德昌。

○聖人覺性，凡人迷性；聖凡之別在覺迷—不迷必悟。

●人能知足，天不能貧；事若無求誰能賤—不賤則貴。

○世上蒼生，水深火熱；地獄災黎待拯援—舍我其誰。

●事勝於懼，敗必於忽；懼為禍種忽禍胎—既懼敗忽。

○生不帶來，死難同去；斤斤於財非為人—慨慷俠義。

●軀寇困途，取於死地；水深山複合兵圍—寇集易殤。

○手足砥礪，道義千秋；賞罰嚴明效疆場—御眾得功。

●辱悴顯晦，莫易常態；智術機警應萬變—不變難應。

○亮節飽學，樂用則強；獎掖人才緩急恃——遠離佞妄。

●狐假虎威，狗仗人勢；為虎作倀應避嫌——權落易殃。

○受不忘報，望報難德；施息樂助人感情——濟世惠人。

●無知情濃，有識意淡；知識有無看學涵——昧知難情。

○天道無私，唯福善人；業由自造由自解——能善必解。

●貧不可恥，人恥無志；富舍驕妄無人惡——心本天道。

○外舉避仇，則人埋沒；內荐避親才不彰——為公拔優。

●傲骨嶙峋，豪氣千雲；異才能霸易逞雄——傲氣則非。

○貌合神隨，異床同夢；形既相從呼策應——同心必雄。

●霸氣志氣，獨技稱雄；身含傲骨是好漢——氣傲難成。

○殤敵致勝，縱勝不武；擊敗潰散算高明——戰略藝術。

●強中有強，天外有天；惡人必有惡人磨——冷眼旁觀。

○憂患滄桑，榮辱成敗；高樓殘坦數荒塚──淨化人生。

●外王功德，克己益人；內聖靈性修以德──德一則聖。

○仁義禮智，忠孝廉節；勤修八德處世明──靈山心悟。

●此微差錯，譴責過當；猶用利斧斬頟蛇──昧戒亦非。

○錢無善惡，用有正邪；事分屈直看立場──同在人謀。

●人生當為，藥中甘草；雍容易與器宏識──淡於名利。

○教子一藝，勝遺千金；家產萬貫不如技──坐享必空。

●藥如無情，千萬別服；症不健忘則易醫──負義難醫。

○心地善良，德厚仁慈；念不染塵物我忘──內聖格天。

●知善知惡，心起良知；為善去惡本良能──外王通神。

○鳳凰喜降，地必寶藏；蛟龍潛水海必深──皆非凡物。

●方本道德，鑰用仁慈；醫以忠義調正脈──率性存真。

○聚財如山，昧於享用；猶驢馱金尚食草——錢役則非。

●人不於義，當力勸止；縱非相識亦應為——為處難德。

○有眼無珠，辱取自輕；目不識丁人則鄙——鄙人自鄙。

●人受人愛，幸福無邊；人遭棄愛生中死——愛由群生。

○聰明固喜，勿為所誤；方向掌穩別偏航——航失則恨。

●疾言令色，非接物理；睦鄰和友待人哲——方圓有別。

○堅持原則，擇善固報；平靜協商求結果——非力左右。

●目光炯炯，寒鋒逼人；積學高慧縱橫言——和靄溫親。

○社會如爐，好壞都溶；境有美醜人皆納——塘中荷花。

●時代尖端，天才先站；泛泛碌庸循跟進——不前必退。

○力量產生，莫逾知識；潛能發揮看幹才——無識人憐。

●但行好事，莫問前程；因果循環報應爽——善因無惡。

○不明時勢，愚昧狂妄；主客強弱難分清——非敗難雄。

●明槍易躲，暗劍難防；強敵易摧先除奸——有奸必危。

○睥睨群雄，目空一切；夜郎自大傍無人——剛愎難世。

●人世無常，留言於先；歲月雖久豈懵懂——無愿必憾。

○中華民族，向本仁愛；孝悌忠信傳家門——孔孟千秋。

●人能律己，人見必敬；寬和誠善以待人——言合機宜。

○事既造成，悔惦無益；甩掉袍袱做完人——知戒則新。

●自認得計，勢必不齒；事雖不諧總算成——有志可功。

○斜眼看人，難免有錯；平視於心別高低——心識則明。

●智人不惑，處事易為；不辨黑白則事難——昧智難為。

○惑於邪佞，危安難明；牽於文法受事業——貴於灼斷。

●獨見卓明，俗同則非；智貴灼知轉禍福——聖貴用智。

○行有善惡，知無不美；人性好壞勿境染——性善難惡。

●黃泉道上，難阻老少；貧富場中相因長——在世上德。

○游兵在野，騰賽天際；孤軍守城樊龍島——內外合從。

●有守必援，劫援破圍；縱橫戰場分進合——因應得殤。

○假題發揮，含沙射影；指桑罵槐語中巧——明巧難擊。

●易水風寒，壯士高歌；茫茫神州虎豺狼——誓掃群魔。

○藝無止境，永難滿足；學如逆水不進退——不止必進。

●仁必為懷，善與人同；甘露和風德無涯——惠渝人群。

○少不學成，老大徒悲；光陰寸金豈可輕——勵志發奮。

●人能容物，事功有成；量不寬宏路必窄——有容乃大。

○明察事物，暗防於薇；親冒鋒鏑易奏功——勇將必謀。

●不淫至樂，勿安僻靜；棲於神樂守中則——色利難搖。

○智無倖致，本於磨煉；勝難僥得在合作——順逆互乘。

●決計安危，定事親疏；是非內外察同異——主客有別。

○致勝手段，形分有無；直接間接內外得——正反陰陽。

●人際薇妙，取決交感；事功成敗看運用——利害情份。

○天有正氣，山岳可立；人本浩然神鬼颺——氣能奪天。

●書藏滿屋，縱貧亦樂；禿筆一枝老猶雄——心恍神爽。

○官不能僚，僚必生妄；民不可刁刁必頑——去僚除頑。

●子孫不愚，必勤讀書；國學發皇師必興——經為國本。

○事能完成，其功必善；人無求人品自高——得助尤美。

●鷹在人前，易於驅逐；熊躲背後忘必危——忘必易逞。

○奮戰疆場，神州蒼茫；英雄勳業豈語豪——海上潛龍。

●危棲孤棲，愧瞧征袍；莽莽關山看浮雲——老兵傲嘯。

○求足知足，自足則豐；人無生常以有常──命化天道。

●長方適應，透識事機；知人善任智勇全──濟以體健。

○精明幹練，剛毅果決；輕鬆誠懇人和藹──神態無慢。

●生是死起，死乃生結；生死之傾一念間──貴生榮死。

○以人而生，生而富麗；賤生輕死怎耀門──益世則耀。

●行於江湖，顏面為先；光棍不吃眼前虧──當忍則忍。

○室無藏書，庸俗難雅；人不求知必墮落──書化銅臭。

●善書一部，改變歷史；逼句良言定人生──提升品質。

○口袋無錢，貧於一時；頭腦空乏永久窮──無知心貧。

●遨遊世間，莫卜浮沉；了悟人生無痕浪──空靈境界。

○一日為師，千秋恩義；有教無類薪火傳──師生情長。

●研明於意，文能達義；思想感情表無遺──動人感聖。

○知足常樂，能忍自安；人不知足心難填——人欲無窮。

●事若不知，固然愉快；知而痛苦反惹愁——無知茫然。

○鄉關萬里，做客愁懷；人未中年華髮霜——心念故里。

●春雲一朵，突降於天；秋雨黃花難卜福——福當自求。

○人善益我，揉喜益人；善端不枯永遠興——興必人益。

●厝於爐火，竊名必誤；棲於強權難自保——識時應機。

○淫若多財，則損其志；邪勢有錢必增惡——惡多窮壽。

●清福無憂，豔福非喜；洪福多貴宜平淡——淡福則久。

○勢成交構，形跡顯露；事若不成必於敗——敗慎謀先。

●身染病痛，受亦得受；事惹愁煩非憂解——解知必喜。

○事可人言，心固坦蕩；人不明理難通情——情悟必明。

●統御領導，團結以誠；領導統御無誠難——誠必同德。

○登山目的，取樂健康；人生意義在奮年——果求於耕。

●韜光養晦，明哲保身；機智深沉愿謀多——愿虎搗穴。

○犧牲享受，服務人群；享受犧牲淨得果——果有酸苦。

●江海遼潤，情空萬里；登高壯觀天地朗——胸懷凌雲。

○戰以殄敵，守以制勝；為政恤民教為先——先於富強。

●行為輕薄，定遭人鄙；言語浮妄令人嫌——誼正行檢。

○江山如畫，物產富饒；文化悠久歷史長——中華民族。

●寶島長春，自由花開；班河亮麗賽蓬萊——人間天堂。

○人屆暮年，歷煉滄桑；智慧圓熟悟性明——立言益世。

●因萌邪念，萬惡從生；兇暴一起則錯發——發必人毀。

○輕於發怒，其人易愚；心情邪念人必妄——克忍可治。

●口似蜜餞，心如虎狼；笑裡藏刀必有謀——不防必害。

○語出不踐，人必譏訕；言出反覆小人徑——德人必戒。

●子嫌父醜，有愧人子；女責母賤難稱女——能育則恩。

○狠猛窮打，夜襲曰擾；聲東擊西離山計——主動集中。

●人非金石，孰能無情；盲用其情必賊性——情止禮義。

○魚游於水，其歡難容；閨房春風非縱慾——無節則悲。

●長如江河，闊猶海洋；離亂親情難相尋——尋必報恩。

○光明黑暗，道路一條；坎坦選擇得人指——指引正確。

●松柏長青，人壽百年；佛謂朝露猶彈指——修於靈壽。

○夫婦唱隨，互敬如賓；共諧連理晚景歡——百年永守。

●氣極心傷，傷狠形妄；妄必氣發恨則銷——銷於曠野。

○以理折人，無辯則立；以誠感人心必服——理以誠發。

●膽大心細，穩健踏實；千靈求進戒驕妄——能安必得。

○君識卓見，雖難苟同；善急表達絕尊重──繞納優裁。

●競學於少，創業於壯；求命於老福壽全──欲全得長。

○人至花甲，雄心不減；年到七十經驗足──諱論生死。

●錢有兩戈，鬥喪人品；窮只一穴常埋雄──雄鬥則雄。

○事必有輸，何至感嘆；人非盡意多含容──憤世則鄙。

●文略戰陣，將必深明；器宏識廣得應具──無具難德。

○榮譽功名，歸之於勝；將帥無兵獨類犬──勝必以得。

●學優而仕，固為人才；才無人用標稱才──才用事顯。

○門鬧若市，非官之榮；庭可羅雀豈人辱──皆雜正言。

●宣傳於人，獨人之羽；人不善飛羽則飄──飄必因人。

○怒氣損氣，思多傷神；慾多毀精豈言壽──養身宜節。

●狼吞虎嚥，損人脾胃；細嚼爛咽滋益濃──食德於和。

○以儉為寶，人得三昧；豈止於財概一切──體儉必益。

●氣動則暢，血運無疾；神活必智止則愚──構思則明。

○處於亂世，當求以策；謀之於陰勝於陽──權宜得逞。

●貪知於足，其貧則富；富不知足貧常存──心足則樂。

○袋中無鈔，猶船無仇；遠行無証弓缺失──無體難行。

●人貴於人，因人之富；人賤於人因人貧──皆非因己。

○創買業產，得於辛勤；子孫能守堪稱賢──守難於創。

●金錢於人，獨鵰之翼；沖天高飛必墜地──無錢難飛。

○鹿美於茸，其角必削；貂麗於皮身必亡──懷璧招禍。

●強奸於言，其人必霸；善賊於言則人惡──惡不霸言。

○賢而多財，則損其志；愚而貸半則益過──子孫當戒。

●生而能富，莫當於富；以富勵志則人強──強以致賢。

○非經破壞，難予建設；施之於體理同然——淨污補強。

●興辦實業，謀利人群；籌建工廠福員工——利國福人。

○日進一文，勝財千萬；不貸於貸難於賺——坐守則空。

●人交於財，不能含糊；欲不後爭先言清——爭失於和。

○人用於財，貴於義理；千金不費一文奢——當用不惜。

●錢為惡果，亦為惡根；妄貪於財種惡源——得以以正。

○利之本源，不離於義；義生於利害無生——利先則害。

●黃金無翼，不勤難馭；鈔票有翅惟儉得——勤以儉聚。

○陷於窮困，勤儉遠飈；命途多桀莫性生——生非於桀。

●人輕於財，足以聚人；身律於己可服眾——不服則離。

○人量於寬，足以得人；身先於人可率眾——無得難率。

●滴水穿石，鋼杵磨針；鍊鐵成鋼試耐力——耐必有成。

○濫用於財，必求苟得；節儉樸實人之美——有苟皆非。

●青山綠水，洗滌人心；鳥語花香怡性情——徜徉自然。

○手中之雀，勝於天雁；院中之兔勝野豬——空望難實。

●人不負債，幸福無量；健康而貧勝富疾——既健且富。

○手握一毛，勝於飛鳥；袋中盛錢勝銀行——虛不抵實。

●不明儲蓄，終身受窮；欲不守貧先積鈔——備多必富。

○快樂於人，非以錢論；幸福於人以體健——身重於錢。

●精於計算，理財之本；明於論事處世方——皆庸必敗。

○窮不負債，優於王侯；富以能施勝於神——守德則神。

●欲不貪慾，先除奢侈；既奢於前難去貪——以儉為療。

○人生遭遇，境況殊異；不忌於富何吝貧——安貧求富。

●於不變中，透視變情；處於變易解不變——以變應變。

○心摻則精，身勞則健；識用則明知益廣——超用則疲。

●勤苦儉藥，絕對興發；驕奢倦怠焉不敗——敗必因怠。

○人想登高，迂迴則提；欲攀山峰得以階——直上常危。

●礦非經磨，難成良質；不嚐疾苦難根發——心慧智明。

○常逸筋弛，久勞身疲；勉志勤奮除懶惰——知用則強。

●世少天才，勤勞則得；勤以治學勞理身——學以增識。

○立身之賊，莫過懶散；致學之賊則為怠——賊勤難業。

●靈氣潔氣，清氣浩氣；五臟腑內盡接納——不納必污。

○易動肝火，當知求降；火發澆油實難德——德不澆油。

●菜根非淡，其味則長；山珍海燕壞肚腸——淡於壽益。

○精神無限，逾用逾發；物資有定止營養——養於精神。

●百年明白，無有幾何；歲月磋跎難言事——事成今朝。

○靜以養身，儉以養廉；知足除貪無慾心──心足不貪。

●儉而能施，其仁則與；儉而寡求則言義──能仁則義。

○儉為家法，其理則旺；儉以訓子則謂智──智禮必讓。

●儉而慳吝，難謂有仁；儉而貪求怎言義──貪而常吝。

○儉以鄙親，難謂為禮；儉以積遺怎言智──好積定鄙。

●溫恭退謙，行無邪辟；性喜高傲易賈禍──親德以正。

○共酸刻薄，無福缺壽；嗜論人惡身易殃──厚恕必德。

●同生於命，豈可相煎；同道於行怎相忌──同病應憐。

○優美之性，得自幼養；惡劣之德從小生──嚴教以善。

●知子為父，知女為母；人無相知難為友──能知則近。

○父母能親，子女必親；人無相親難親情──能教則親。

●親莫父子，情莫母女；雖親不教難正德──能德必親。

○勤以能得，儉以則守；勤而不儉枉費力——懶惰必敗。

●勞以戒惰，謙以戒傲；儉以能守致富源——本勞於儉。

○濁氣沼氣，鬱氣悶氣；五臟廟內無遁形——非吐難壽。

●人欲於多，必傷於神；心貪於財必累身——身負神傷。

○富潤於貧，德潤於身；貴潤於賤仁潤心——能潤必發。

●人奴於錢，心難自由；身無於財行難動——動非於奴。

○智於健康，幸福攸關；疾帶於身妄言智——無疾必福。

●子簿父母，難言孝親；守身不敗根孝源——順親必孝。

○育以成人，思得父母；新枝既萌本將枯——承歡以報。

●做人以德，道義人情；處世以理仁為先——無仁難義。

○天道本德，人道本仁；天仁人心同一理——理通德仁。

●兄友弟恭，敬愛以恆；手足情深永難消——傷和則非。

○諸德之基，在愛父母；人德之恩報雙親—親子思情。

●清明時節，慎終追遠；人子孝思在祭掃—忘祖難裔。

○其親不愛，難謂人德；事親不敬怎稱禮—悖德難禮。

●援引外賢，諮詢固善；築室道謀可不必—受使則非。

○心浮則敗，氣浮則躁；意浮則亂難理事—志穩則定。

●愁言於父，益增文愁；苦言於母滲母憂—悅親則德。

○子女群中，貧富必殊；富獻恤貧皆受惠—眾樂必勵。

●兄弟鬩牆，外侮必降；家人不讒辱何臨—安內攘外。

○嗜讀歷史，以古為鑑；常閱新聞今鑑古—知鑑則智。

●男女雖異，同劬於勞；子媳固殊孝則一—論別難德。

○家醜外揚，其人難德；人美不宣心難仁—飛惡無德。

●雖有遠親，不若近鄰；居宜擇鄰遊止賢—賢於識人。

○祖宗塋墓，常加祭掃；子孫之情豈能忘──忘祖非人。

●莫逆之友，何限於年；投契於懷互傾慕──交於忘年。

○控制言語，猶勝控錢；錢失易得言難收──不控則氾。

●餓極傷脾，飽過傷氣；怒不於食飯不氣──食飽塞脾。

○人壽長短，在於精氣；若燈無油水難臭──魚藉水養。

●嗜慾無節，其腦必衰；過於疲勞體必弱──調度營養。

○人非節食，無以養生；口慾愈豐致病由──夜食易疾。

●勞佚有常，飲食以節；常吃素餐壽延長──慾不忘發。

○人之不仁，僭位必殃；才不稱職害於眾──眾崇於權。

●恭敬謹嚴，和藹冷靜；謙遜美德人事諧──處世態度。

○災禍於文，則謂天罰；降害於己云錯投──人性不端。

●愛責於人，非己於罪；先制於己錯非人──涵養工夫。

○淡如道德，心潔意純；見賢思齊偉人志——薰陶於美。

●海洋人生，波濤洶湧；理想目標志要堅——防設於浪。

○權勢男人，服之於口；道德感人眾心悅——離德則勢。

●勢利眼光，富貴權勢；淡泊胸懷壽健樂——樂比無價。

○家長要和，滿室春風；主婦宜順樂無窮——窮於得樂。

●女人怕偷，男人怕貪；君子怕邪佞怕正——怕無必正。

○婚嫁弄錯，幸福斷送；路線走對前途明——明於事功。

●良知如師，感染薰陶；補益身體是良藥——敦品勵德。

○人生境界，鍛練心志；擴張心智怯脆弱——庇於完美。

●怨尤於人，動念干戈；反躬自責皆成藥——多於反省。

○人有德涵，事業之根；未有基鬆棲宇固——德先於業。

●酒多亂性，色多亂魂；財多亂智氣亂心——心亂難謀。

○物質養身，精神養心；運動養體命必長——長養身心。

●不聽是非，心無煩惱；不見凶吉無悲歡——歡必無愁。

○話出氣頭，不可當心；閒談中言勿輕視——輕必遭損。

●亂於方寸，六神無主；紊於步法事必敗——敗必思補。

○多忍一句，立致祥和；少說一言息論爭——爭必無止。

●勤乃美德，苦難怡情；淡為高風枯難榮——榮必因苦。

○無力朋比，勉強必苦；環顧四週戡參與——與之和融。

●客有俠氣，寶劍可託；人間福境無德難——有德必享。

○天生萬物，以養於人；人當以德報於天——天必護佑。

●高瞻遠矚，老謀深算；預測時局判賓果——果得因種。

○蝥蛇在手，壯士斷腕；猛虎當前淵何懼——懼跳博虎。

●空也是有，有也是空；空靈境界禪機發——發於明禪。

○寓意於物，市為達人；心繫於物必俗子──觀於涵養。

●勇者之義，遇難則迎；怯者之行則趨避──遇險則明。

○德器深厚，業成必宏；氣度淺薄則成微──成敗以德。

●事遇絕途，休責於命；怨嘆躁暴徒傷身──逆境順守。

○崎嶇險阻，皆由心出；坦途平道發於心──心平路直。

●傾險人情，坷坎世道；非墮坑塹得用慎──化險致福。

○人無傲骨，近於鄙夫；人有傲心難君子──心傲無德。

●怨不在大，可畏惟人；恨不在小惟在行──行乃無德。

○小人女人，世謂難養；君子達人可稱賢──賢不怨人。

●防人之口，甚於防盜；人失於言易積怨──怨不在大。

○起步創業，克勤保譽；居高時久迷本世──性失於守。

●書讀無字，易得驚語；悟解難句可參機──資質殊穎。

○人我之際，得視於平；名利之關宜於淡——非平難淡。

●富不能施，何言於德；貧而不酸其格高——非格人鄙。

○惡水垂蔭，非賢則息；盜泉飛漿豪不飲——污體則辱。

●老而不壯，病多必苦；壽長於人逸反勞——勞適必強。

○人非致德，難進於賢；非攻於文難言武——唯武則暴。

●蝸牛角上，豈爭閒事；石大光中寄此身——身寄雲山。

○蚯蚓霸穴，神龍輕天；名利當頭應退想——不想易得。

●賢人挺身，能救人危；善言一句排紛糾——德可利言。

○人非處逆，難委安境；簿人於遇辯忠厚——明苦知樂。

●學無師承，奮勵可致；科技於人得專修——非修難精。

○心防不固，外物易侵；體防不密易受襲——襲防則安。

●聰明宜愚，富貴宜厚；刻薄宜難無行鄙——鄙其無德。

○風浪雖猛，信心必行；障礙固大難阻男——勇必排除。

●身處逆境，志不為屈；任務艱鉅能擔當——當謀策成。

○人溺於水，非極則嚎；仁發於心起於勇——勇人拯溺。

●私暴於過，其久可師；不非於言感其人——惡善則非。

○老成於容，真切於言；事明於心重於諾——篤實成業。

●曠野遺產，室有豔婦；心不為動德自高——見物思義。

○多言人忌，多事人非；多愁傷身多樂悲——御洽則當。

●觀人非賢，己何能賢；量人非德己何德——反躬於省。

○物生於有，有生於無；事得於機成於機——機變莫測。

●遭遇縱苦，志難折磨；敵人固狠決心勝——勝於堅勇。

無文化　心慈念悲
人類之人
有文化　性狠手殘
人類之獸

國家圖書館出版品預行編目

人生智庫塵海微語 / 韓振方著. -- 一版.
臺北市 : 秀威資訊科技, 2006[民 95]
面 ; 公分. -- 第七八冊合訂本
ISBN 978-986-7080-16-5（平裝）
1. 修身

192.1 95001633

BOD 哲學宗教類 PA0014

人生智庫塵海微語第七八冊合訂本

作　　者 / 韓振方
發 行 人 / 宋政坤
執行編輯 / 李坤城
圖文排版 / 莊芯媚
封面設計 / 莊芯媚
數位轉譯 / 徐真玉　沈裕閔
圖書銷售 / 林怡君
網路服務 / 徐國晉
出版印製 / 秀威資訊科技股份有限公司
台北市內湖區瑞光路 583 巷 25 號 1 樓
電話：02-2657-9211　傳真：02-2657-9106
E-mail：service@showwe.com.tw
經 銷 商 / 紅螞蟻圖書有限公司
台北市內湖區舊宗路二段 121 巷 28、32 號 4 樓
電話：02-2795-3656　傳真：02-2795-4100
http://www.e-redant.com

2006 年 7 月 BOD 再刷
定價：500 元

讀　者　回　函　卡

感謝您購買本書，為提升服務品質，煩請填寫以下問卷，收到您的寶貴意見後，我們會仔細收藏記錄並回贈紀念品，謝謝！

1.您購買的書名：______________________

2.您從何得知本書的消息？

☐網路書店　☐部落格　☐資料庫搜尋　☐書訊　☐電子報　☐書店

☐平面媒體　☐ 朋友推薦　☐網站推薦　☐其他__________

3.您對本書的評價：(請填代號　1.非常滿意 2.滿意 3.尚可 4.再改進)

封面設計____　版面編排____　內容____　文/譯筆____　價格____

4.讀完書後您覺得：

☐很有收獲　☐有收獲　☐收獲不多　☐沒收獲

5.您會推薦本書給朋友嗎？

☐會　☐不會，為什麼？______________________________

6.其他寶貴的意見：______________________________

____

____

____

讀者基本資料

姓名：__________________　年齡：______　性別：☐女　☐男

聯絡電話：______________　E-mail：____________________

地址：____

學歷：☐高中(含)以下　☐高中　☐專科學校　☐大學

☐研究所(含)以上　☐其他______________

職業：☐製造業　☐金融業　☐資訊業　☐軍警　☐傳播業　☐自由業

☐服務業　☐公務員　☐教職　☐學生　☐其他__________

請貼
郵票

To：114

台北市內湖區瑞光路583巷25號1樓

秀威資訊科技股份有限公司　　　收

寄件人姓名：

寄件人地址：□□□

(請沿線對摺寄回,謝謝!)

秀威與BOD

BOD（Books On Demand）是數位出版的大趨勢，秀威資訊率先運用POD數位印刷設備來生產書籍，並提供作者全程數位出版服務，致使書籍產銷零庫存，知識傳承不絕版，目前已開闢以下書系：

一、BOD 學術著作—專業論述的閱讀延伸
二、BOD 個人著作—分享生命的心路歷程
三、BOD 旅遊著作—個人深度旅遊文學創作
四、BOD 大陸學者—大陸專業學者學術出版
五、POD 獨家經銷—數位產製的代發行書籍

BOD秀威網路書店：www.showwe.com.tw
政府出版品網路書店：www.*gov*books.com.tw

永不絕版的故事・自己寫・永不休止的音符・自己唱